# 江原さん、どうしたらいいですか？

## こんなしんどい世の中で生きていくには

江原啓之
Ehara Hiroyuki

祥伝社

江原さん、こんなしんどい世の中で
生きていくにはどうしたらいいですか？

# まえがき

祥伝社書籍出版部　N

本を開いた大切な最初のページに、生意気にも著者ではなく、若輩《じゃくはい》の編集者の私が、まえがきを書くことになるとは、思いもよらなかった。

おそらく、いまこれを読んでおられる読者の方も「お前は誰だ？」という気持ちでいることでしょう。


少し個人的なお話をさせていただくと、私が江原さんにはじめて出会ったのは、社会人となって数年を経たいまから2年ほど前。とある出版のパーティでのこと。

その日、江原さんは来賓《らいひん》として、私は一参加者としてその場に来ていた。当日会場に着くまで、江原さんが来ることは知らなかったが、来賓として紹介される江原さんを見て、ムクムクと自分のなかに湧き上がってくるものがあった。

私は、まだ学生だった頃、数多くのテレビに出演している江原さんをよく観ていた。スピリチュアリストとして、人生やいのちについて話す江原さんの言葉に、半《なか》ば惹《ひ》きつけられつつ、半ば疑いの目も捨てきれなかった。

目に見えないスピリチュアリズムの世界・価値観が、どうして正しいと言い切れるのか、よくわからなかったからだ。


ときは流れて、そのテレビのなかの人が、いま会場で自分の目の前にいる。

「こいつか……」

私は速攻で、挨拶《あいさつ》と名刺交換に向かった。

もちろん、著名な作家である江原さんとお仕事ができることは、編集者の誉《ほま》れだ。

ただ、そんな仕事の面以上に、10～20代を悩みだらけで過ごしてきた私は、一人の人間として江原さんにぶつけてみたかったのだ。


やりたいことなんてない、未来には不安しかない、結婚式や子育てをするお金の余裕なんて全然ない、頑張ったって報《むく》われない、引きこもっていたい、これから40年我慢して働くなんて無理、疲れる、面倒くさい、全部だるい……こんな世の中の息苦しさなんて耐えられないし、しんどすぎる――。

私たちの毎日には、きれいごとでは片付かないことがたくさんあって、真剣に悩んでいて、それでいて答えなんて見つからない。それを江原さんに投げかけたら、どう切り返されるのか。納得いくようにどう調理するのか。乱暴な言い方をすれば、とにかくいろんなものへの憤《いきどお》りを、何でもぶつけてやろうと思ったのだ。

この本は、そんなこれまでの私自身の悩みに加えて、周りの10～30代やその親御さんに聞いた悩み、ときにはネット上に転がっているような悩みも含めて、いろんなことを江原さんにぶつけた結果として、生まれました。

SNSがこれだけ発達したいま、自分の力一つで何だってできるという人もいる。メディアもそういうキラキラしたものを取り上げるし、確かにそうだと思う。

ただ、全員が全員、SNSで発信したいわけでもないし、カースト上位で生きてるわけじゃない。むしろキラキラできないし、したくもない人が大多数だと思う。

だから、いま、この本を届けたいと思います。

右肩下がりの日本のなかで、生きる希望や自信を失った若い世代の人たちと、そんな子どもを持つ親御さんに向けて。

喜びなんてない、フラストレーションだらけの現代の若者にとって、ゆるやかな絶望を乗り越えるために、必要なものは何なのか……。

引きこもり、就職しても仕事は続かない、一向に大人になる気配のない、手に余るわが子を前に、親はどう向き合えばいいのか……。

いろいろな角度から、疑問やそれに対する答えを用意しました。

私自身、人生に惑《まど》い、江原さんにぶつけ、ぶった切られ、担当した本のなかで、一番自分自身を切り刻んだ本になりました。でも、その分、本のなかにエネルギーを込められたと思います。

何か一つでもいい、自分に刺さる話、自分を救う考え方、自分に活を入れる言葉を見つけていただけたら、この本の編集者として、望外の喜びです。

もくじ



## 第1章 人生の素朴な疑問100

## 第2章 江原さん！こんなしんどい世の中で生きていくにはどうしたらいいですか？

# 第3章 あなたを癒すエナジーワード30

## 第4章 「しんどい」あなたへの10のメッセージ

写真　小川朋央
ブックデザイン　小口翔平＋喜來詩織（tobufune）
ＤＴＰ　キャップス

第 1 章

# 人生の素朴な疑問100

# 100の素朴な疑問に答える前に

あなたは、ちゃんと考えて生きていますか？

悩みや不安、理不尽に感じることがあるから、この本を手にとってくれたのでしょう。でも、そこで終わっていませんか？

それではいけません！

どんなことでも「なぜそう感じるのか」を考えれば、ちゃんと悩みの答えは出せます。

**「考えない」ことは罪深いこと。**まずは、このことを頭に叩《たた》きこんでください。

「思う」ことと「考える」ことはまったく違います。

**考える際に大切なのは、物事を見る目、視点です。**

私がいつも思うのは、多くの人が生きるうえでの視点が足りていないということ。

視点が足りていないことも、「考えない」ことと同じで、罪深いことです。

**「考えない」、「視点が足りない」——。**

**この二つのせいで、自分の悩みに対して答えが導き出せないのです。**

そこで今回、私は100の疑問に答えることにしました。

腹を割って、本音で答えます。

だから、あなたも、私の答えを〝耳の穴をかっぽじって〟よく聞いて、きちんと「考えて」みてください。

## 1／人はなぜ生まれるんですか？

**誰が何と言おうと、私たちは「たましい」の存在です。**

死ねばわかります。

私たちがこの世に生まれてくるのは、未熟なたましいだから。完璧だったら生まれてくる必要がありません。

**たましいが自《みずか》らの成長を望んでいるからこそ、生まれてくるんです！**

「この世」での肉体は自動車みたいなもので、たましいが運転手。死を迎えれば、乗り物からは離れますが、「たましい」は永遠に生き続けます。**たましいの「ふるさと」である「あの世」（霊的世界）から、未熟なたましいを磨くために「この世」に生まれ、学びを得てから「あの世」に帰る。**こうやって、私たちは何度も何度も再生を繰り返しています。

では、なぜ「この世」に来なければいけないのか。

**それは、「あの世」で学べないことが、「この世」では学べるから。**

「あの世」は物質のない世界、「この世」は物質界。

『ゲゲゲの鬼太郎』の歌を思い出せばわかります。あの世には学校もないし、会社もない。病気もない。悩みもありません。

じゃあ、「この世」は？　学校があり、会社があり、病気にもなる。すると悩みも生まれる。そこであぶり出されるのが、自分自身の未熟さ。

**つまり、「この世」は「本当の自分」が露《あら》わになるあぶり絵であり、「本当の自分」を知る実習の場というわけです。**

実習の大事さは、消防訓練を考えてみればわかるでしょう。

火事を想定して練習しても、いざ本当に火事が起こったら、訓練のようにテキパキと行動することはできません。

**「訓練のときは、あんなにできてたのに！」と思うように、この世での実習によって「できると思ってたけど、自分ってこんなに未熟だったんだ！」と痛感する。**

本当の自分を知ることで、たましいを成長させるんです。

**そのために大切なのは、「経験」と「感動」。「喜・怒・哀・楽」を味わうことです。**

にもかかわらず、何もない人生、楽だけの人生を欲しがる人のなんと多いことか。人生、何かあるのが当たり前。**未来に何が起こるのかを占いたがる人が多いですが、何が起こるか筋書きがわからないからこそ、人生は感動が得られるんです。**

あなたが自分の人生の筋書きを「こうなるんだよね」と最初からわかって生きたなら、それは「クサい大根役者」と同じ。頬《ほお》をビンタされるシーンで、叩かれることがわかっていたかのように「あぁっ、痛い」などと、筋書きが見え見えの芝居をするのと変わりません。そんな演技、人生には無意味です。

人生には台本などなくて、いきなり頬を叩かれるようなショックな出来事が起こるから、「なんでこうなるの?」、「どうしてこんなことを言われなきゃいけないの?」と考える。つまずいてはじめて、自分を見つめるんです。

その結果、「自分のことしか考えてなかったなぁ」**(この自己愛を「小我《しょうが》」といいます)**と気づき、利他愛《りたあい》を考える**(この他者愛を「大我《たいが》」といいます)**ようになれば調和がとれることにも気づいていく——。すべての経験が筋書き通りじゃないから、たましいが感じ動いて、感動する。その結果、たましいが成長します。

そう。**この世に生まれてくるのは、人生という「経験と感動の旅」をするためなんです。**

## 2／なぜ、生きていかなくちゃいけないんですか?

**あなたはいまと同じ人生を、もう一度やり直したいですか?**

**自分の人生を放棄《ほうき》したいならば、放棄したって構いませんよ。でも、放棄したところで、もう一度やり直すことになるだけ。今回の人生でたましいの学びを履修《りしゅう》しなけ**

**れば、生まれ変わった次の人生でもまた同じことを学ぶんです。**

学校で留年するのは嫌でしょう？　進級するか、とっとと卒業したほうがいいに決まっています。

人生だって同じ。私は今度生まれてきたら、進級してもう一段上を生きたい。今回と同じ人生を繰り返すなんて、面倒くさくてまっぴら御免《ごめん》です。

たましいを成長させる経験と感動は、物質界であるこの世でしか得られません。

この世では肉体を持っているから、お腹が空《す》く。そのお腹を満たすには、お金が必要。そのお金を得るために、働いていく……。

仕事では、嫌な人とも付き合わなくてはいけない。会社や学校へ行けば、人間関係で悩むし、苦労もする……。

人間関係で悩むから、人の気持ちに共感できる。痛みがわかるから人の優しさに感謝できる……。

肉体があるから病気になる。でも病気になったから、病に苦しむ人のつらさが理解できるようになる……。

**こうした経験があるから、たましいは成長します。**

**つらいことだけじゃありません。すべての経験から感動を得るんです。**

**いのちに限りがあるから、「毎日を大切に生きよう!」と思えるんです。**

もっと細かく言ったら、体がかゆいことだって、涙を流すことだって、肉体があるから。感じることすべてが、この世でしか経験できないことなんです。

そして、それがこの世ならではの醍醐味《だいごみ》。

**この世で生きているのは、その醍醐味を存分に味わうためなんです。**

## 3／なぜ、成長しないといけないんですか?

**あなた自身の幸せのためです。**

人は経験と感動を重ねることで、たましいが成長します。この「たましいが成長する」ってどういう状態なのかというと、要は「優しくなる」ことです。

想像してみてください。周りのみんなが優しくなると、あなたも助かりませんか?

間違いなく幸せを感じる機会が増えるはずです。**つまり、たましいを成長させなくて**

**はならないのは自分のため。自分が幸せになるためなんです。**

「でも、自分の幸せのためって、利己《りこ》的じゃない？」と思ったあなた、その通り。「自分のたましいを成長させよう」ということ自体、実は利己的なことです。

とはいえ、この利己主義は、恥ずべきものではありません。なぜなら〝大我な利己主義〟だから。

一滴一滴の雫《しずく》が集まってコップの水になるように、あの世の霊的世界では、私たちは神をも含めて究極的には一つの存在です。

**そしてその神という存在は、あなたの成長を願っている、ひいてはすべてのたましいの成長を願っている〝正しい利己主義〟の持ち主なんです。**

しかし、そんな願いに反して、人はこの世に生まれてくると、自分のことを一番に考える物質的で〝小我な利己主義〟に変わってしまいます。

というのも、この世が物質界だから。この世で肉体を持った私たちは、「自分と他者」とを分けて、物事を考えるようになります。その結果、自分を優先する物質的利己主義、つまり小我な利己主義になってしまうんです。

そんななか、この世で大切になるのが、やはり経験と感動。**私たちは経験と感動によって、小我な利己主義から、大我な利己主義へと変わっていきます。**経験と感動は、馬の目の前にぶら下げたニンジンみたいなもの。このニンジンがあるからこそ、たましいを成長させることができるんです。

ここまで話を読んで、「あの世では一つの存在なら、周りが勝手に成長してくれればいいんじゃない？」と意地悪く考えた人もいるでしょう。でも、残念ながら、そんな都合のいいようにはなりません。

考えてもみてください。あなたが意地悪なのに、周りの人は優しい、なんてことはありえません。あなたが意地悪なら、周りも意地悪。あなたが成長して優しくなれば、周囲にいる人も優しい人たちになるのです。

**これは、出会う人は自らと同じ波長の人を引き寄せるという「波長の法則」と、自ら蒔《ま》いた種は自ら刈り取るという「因果《いんが》の法則」が働いているから。この二つはこの世での二大法則で、どちらも成長の法則です。**この二つの法則が、自分の姿を見せる映し鏡として、毎日、毎日、「いまのあなたはこうですよ」と見せてくれることで、私たちは「このままではまずい」と成長することができるんです。

**自らの成長なくして、幸せにはなれません。**
**私たち全員が、成長する必要があるんです。**

## 4 ／ なぜ、人に優しくしなくちゃいけないんですか？

**自分に優しくすることと同じだから。**
**人のためではなく、自分のため。**

「成長しなくてはならない」理由と同じで、あなた自身の幸せのためです。

これまでの人生、家や学校で「人に優しくしなさい」と言われてきたと思いますが、おそらくその理由について説明されたことはないでしょう。なぜなら、説明するためには、「類魂《るいこん》の法則」がわかっていないといけないから。

先ほど少し触れましたが、**コップの水のたとえのように、私たちはみんな一つで**

**す。これが「類魂の法則」。つまり、私はあなた、あなたは私。だから、人に優しくするんです。**

世の中には「人に親切にして優しくするなんて損だ」と思っている人もいますが、そんなセコくて小我なことを思っていると、自分の蒔いた種を刈り取る「因果の法則」と、同じ波長の人を引き寄せる「波長の法則」によって、結局あなたが損をすることになります。

「情けは人のためならず」ということわざの言葉の意味を知っていますか？

「情けをかけるのは、その人のためにならない」だと思っていたら、それは間違い。**正しい意味は「人に情けをかけるのは、自分を助けることにつながる」です。**

人のためじゃなくて自分のためだと、このことわざは伝えています。

みんなたましいではそのことを知っているから、家でも学校でも「人に優しくしなさい」と言うのです。

# 5 ／ 愛って何ですか？

**自分自身を愛することです。**

「それって自己愛でしょ？」

そんな声が聞こえてきそうですが、さっき言ったように、神はそもそも大我な利己主義。自分を愛するのは、大我な利己主義なんです。

そして、「類魂の法則」の視点で考えてごらんなさい。

私たちは一つなんだから、自分を愛することは、他人を愛すること。他人を愛するのも、自分を愛することです。

**つまり、自分自身を愛することは、相手に自分を重ね合わせることなんです。**

自分は愛せても、他人を愛するのは難しい。そんな人もいるでしょう。

なぜ、難しいのか？　それは、現世（この世）だから。

肉体を持つと物質的利己主義で「あなたはあなた、私は私」と思ってしまうから、相手に自分を重ね合わせることが難しいんです。

電車に乗ったら、他人のことを考えずに、我先にと自分が座る。こうして自分を優先する「小我な愛」の行動に出てしまうんです。


じゃあどうやって「大我な愛」に変えていくのか。

何度でも言いますが、経験と感動です。病気で考えてみてください。自分が病気になったことがない人は、病気の人に対して「あの人、弱いよね」などと、冷たいことを言ったりします。なぜなら、病気に関する経験と感動がないから。

ところが、自分が病気になる経験をすると、はじめて病気で苦しむ人の気持ちがわかるようになります。健康に注意していても避けられない病があることに気づいて、「自分はなんて冷たかったんだ」と反省する。思いやりの「愛」を持てるようになるんです。これが「大我な愛」。


**経験と感動を通して「小我な愛」を「大我な愛」に変えていくこと。それが、大我**

な利己主義に目覚めるということです。

## 6／幸せって何ですか？

あなたが創るものです。

なぜなら、幸せの形は十人十色だから。

幸せは二種類、現世での幸せと霊的な幸せです。

まず、現世での幸せについて。

お金があれば幸せだと思う人もいれば、愛する人がいれば幸せだと思う人もいる。

現世の幸せに対する価値観は人それぞれでしょう。

ただし、現世がたましいを鍛《きた》えるスポーツジムだという点は、みんなに共通しています。想い描く幸せの形に合わせて、自分が好きなトレーニングマシーンで鍛えているんです。人間関係のマシーン、仕事のマシーン、恋愛のマシーンｅｔｃ……要は、自分次第です。

それにもかかわらず「幸せになれない」と嘆《なげ》く、文句たれな人が多すぎる。

人生は自分でいかようにもできるんですから、努力して幸せを得ればいいだけのこと。**生まれた国や時代、性別や家族などの「宿命」は変えられないけど、「運命」は自分で切り拓《ひら》ける。これが「運命の法則」です。**

「宿命」は素材、「運命」は料理。自分という素材を生かして、料理するんです。素材をよくわかったうえで、工夫が必要だということです。

一方、霊的な幸せとは、私たち全員のたましいが成長すること。たましいが成長するとは、優しくなることだとお伝えしました。みんなが優しくなれば、世の中が愛に満ちて、誰もが幸せになるんです。


そして、ここからが重要なポイント。

**私が思う「本当の幸せ」とは、何も恐れることがないこと。**

多くの人は、愛する人がいること、健康でいること、長生きすることなどが幸せだと思っています。**でも、物質的な幸せは永遠には続かない。**別れがあれば、病気にもなるし、死を迎えますよね？　そうなったら、幸せから一転、不幸になってしまう。

だから、何も恐れることがないことが幸せなんです。**そのためには、人生で起こることの意味を理解すること。そうすると、すべてが前向きになれるんです。**

もし私が病気になったら「来たかーっ！」と思う。そして「これは何の学びだ⁉」と考えます。なぜなら、病気は学びだと知っているから。

**病気がわかったとき、「どうして自分が病気になるんだろう……」と思うのと、「これは何の学びだ⁉」と思うのとでは、全然違います。**「どうして自分が……」という姿勢では、その時点で病気に飲み込まれていると思いませんか？

なぜ生まれてきたのか、何のために生きるのか、どうして病気になるのか。人生で起こることの意味を知らずに生きている人は、地図を持たずに歩いているようなもの。不安になるし、恐くなるのが当たり前なんです。

**だから、人生に地図が必要。それが、私の言う「八つの法則」です。**

この法則をわかっていれば、しんどくなくなるんです。

でも、私がこれまでに書籍や講演会で、何度も何度も「八つの法則」について言ってきても、みんな、なかなかわかってくれない。

そのときはわかったつもりになっても、いざ日々の生活で何か起こったら、悩み苦しむ。それは、「考えない」からです。

いま人生に惑っている、そこのあなた！

「八つの法則」で考えれば対処できるんです。

おさらいしておきましょう。

◇　◇　◇

人生で一番恐いことって何か？

多くの人にとって、それは「死」です。

「早く死にたい」と言う人でも、死を実感すると、恐怖を覚えるもの。

ただし、私たちはたましいの存在。本当は死して死にません。

愛する人を失うことが恐いという人もいるでしょう。でも不安に思う必要はありません。死別した人とはあの世で再会できます。これが**「スピリットの法則」**です。

じゃあ死んだ後はどうなるのか。不安ですか？

私たちは死後、**「ステージの法則」**によって、現世で培《つちか》ったたましいの成長に応じた場所へと移行します。天に召されるなんてことはない。現世でダメな人は、ダメなステージへ平行移動。だから、ステージを上げたいなら、いまから努力する。たましいを成長させなくてはいけないんです。

そして、その「ステージの法則」につながってくるのが、これまでにも登場した現世での二大法則、**「波長の法則」**と**「因果の法則」**。

「なんでこんな人と出会っちゃったんだろう」、「なんでこんな目に遭《あ》わなきゃいけないんだろう」と思うこと、ありますよね。

それはあなたが「こんな人」だから。

同じ波長で引き合う「波長の法則」が働いた結果であり、さらに自分が蒔いた種を自らで刈り取る「因果の法則」が働いたから。

バチが当たったんじゃない。あなたのたましいが成長するための「愛」なんです。

そこで、次にくるのが**「運命の法則」**。

人生には、「宿命」と「運命」があります。生まれた国や時代、性別や家族などの「宿命」は変えられないもの。対して、「運命」は自分で切り拓くもの。

宿命は素材、運命は料理。自分という素材をどんなふうに料理するかは、あなたの腕次第です。

だから、「あぁ、こういう運命だったんだ」と嘆いてちゃダメなんです！　人生は責任主体。「運命の法則」のなかで精一杯生きていなければ、「波長の法則」や「因果の法則」によって、映し鏡で教えられることになるんです。

でも、そういったこの世での試練に見舞われても、あなたは根本的に守護霊によって護《まも》られています。それが**「守護の法則」**です。

守護霊は絶対にあなたを見放すことはありません。孤独だと思うときも、片時も離れず、あなたのことを見守っている。この「守護の法則」があるから、私たちは安心して人生を歩んでいけるんです。まさに鬼に金棒、補助輪付きの自転車のようなもの。

ただし、守護霊は救いの手を差し伸べるだけではなく、私たちに試練を与えて、わざと転ばせることもあります。それは、「獅子《しし》の子落とし」と同じ。

母獅子が子どもの獅子を谷底に突き落とすのと同じように、私たちがどれだけたましいを成長させて、立派な人間になれるか、愛ゆえにそうするんです。

じゃあ守護霊は、どうしてこんなにお節介を焼くのでしょう?

それは、守護霊があなた自身だから。

「守護霊をつけてあげます」なんて言うインチキな霊能者がいますが、守護霊はつけるだの、つけないだのという存在じゃない。守護霊はあなた自身でもあり、類魂（グループ・ソウル）なんです。自分自身のことだから、あなたを見守っている。**「類魂の法則」**を思い出してください。私たちはみんな一つなんです。

どうですか?　こうして法則がすべてつながっているのです。

そして、ここまで挙げた七つの法則「スピリットの法則」、「ステージの法則」、「波長の法則」、「因果の法則」、「運命の法則」、「守護の法則」、「類魂の法則」を理解すると、人生が幸せになる。これが**「幸福の法則」**なんです。

この「八つの法則」という人生の地図を手に歩んでいけば、何も恐れることはありません（「八つの法則」に関しては、『スピリチュアルな人生に目覚めるために 心に「人生の地図」を持つ』〈新潮社〉に詳しく著わしているので、参考にしてみてください）。

## 7／男女って何ですか？

性別って何で知るんですか？

**そもそも、たましいに性別はありません。肉体を持つこの世での男女の違いは、体のつくりだけ。男女の性別は着ぐるみのようなものです。**

今回の人生では、男の役割、女の役割のどちらが自分に合っているか。生まれてくるとき、あなた自身が判断して選択しただけのこと。

私たち全員が、この世でたましいを磨くため、目的を持って生まれてきます。そのために、人それぞれにカリキュラムがあるんです。

カリキュラムとは、生きるうえでの視点。

男に生まれたのは、男としての視点を学ぶため。女に生まれたのは、女としての視点を学ぶため。けれど、この二つだけじゃありません。

男でゲイとしての視点、女でストレートとしての視点、男でトランスジェンダーとしての視点、女でバイセクシュアルとしての視点、自分の性や性的指向を定めていない「Q」としての視点etc……。

人によって、さらに細かく、いろんなバリエーションがある。**そのすべてが、生きるうえでの視点でカリキュラム。人のカリキュラムは、実に多種多様なんです。**

そう考えてみれば、LGBTQ+（レズビアン、ゲイ、バイセクシュアル、トランスジェンダー、クエスチョニング／クィア、プラス＝ほかにもさまざまなセクシュアリティがある）は何一つおかしくないと思いませんか？

また、それだけじゃありません。**偏見による差別で自分が葛藤《かっとう》することもカリキュラムに含まれているんです。**

カリキュラムは性に関することだけじゃありません。美しく生まれたのもカリキュラムだし、日本に生まれたのもカリキュラム。あなたという人を形作っているすべてのことが、カリキュラムなんです。

「神様が間違ったんだ」、「生まれてこなきゃよかった」などと悩んでいる人がいるかもしれませんが、そう考えることこそが間違い。**間違ってこの世に生まれてくる人は、一人としていないのです。**

## 8／親・家族って何ですか？

**たましいのうえで、血のつながりはまったく関係ありません。家族であっても、たましいは別。家族は学校なんです。**

たましいは一つだと言いましたが、たましいの「ふるさと」は別。あなたは自分のたましいの「ふるさと」から、この世にやってきた。だから、家族とはたましいが別なんです。

高校に普通科、商業科、工業科などがあるように、山田さんなら山田科という学校だということ。家族は、同じ学校で共通の科目を一緒に学んでいる先輩や同級生、後輩。みんな山田学校の生徒です。

家族という学校での科目は、人生での学びのテーマ。「なんでこんな家に生まれてきたんだ！」と思っているかもしれませんが、そのテーマを学ぶため、自ら志願してその家に生まれてきたんです。

**家族は映し鏡。あなたを映し出すものです。**

**鏡は何のために使いますか？ 自分の見た目を正すためですよね。**

自分の性格とそっくりな家族を見れば、自分がどういう人間なのかがよくわかる。端《はた》から見ると、家族仲が悪いという家族に限って、よく似ているものなんです。

反対に、全然似ていない場合は反面教師。自分と正反対の人から、教訓を得るためです。似ていても似ていなくても、家族から自分という人間を見せつけられているんです。

「たましいは別だと言っても、DNAがあるじゃない？」と言いたい方。DNAを否定しているわけではありません。家族に共通する体質、病気などがありますよね？ たましいはそのDNAをも利用しているんです。

**神様はスーパーコンピュータで、寸分の狂いもない。すべてがあなたにふさわしい学びだから、その家に生まれてきたということ。**

子どもに対して、「自分のせいで弱い体に産んでしまった」と思っている親御さんがいますが、それは霊的真理に反しているんです。うがった考え方で、そんなふうに思う必要はありません。

そして、親というのは、役割にすぎません。

巷《ちまた》では「親なのに」という言葉をよく耳にします。自分の親に対してそう思っている人もいるでしょう。

**でも、この世に親はいません。親として生まれてくる人はいないんです。親という役割をちゃんと演じられているかどうか。それだけなんです。**

子育てはままならないもの。子どもはここぞというときに風邪を引いたり、せっかく通わせている塾をサボったりします。それが子どもというものです。

あなたが親だったらわかるでしょう?

親が自分の理想を押しつけても、そううまくはいきません。よかれと思って機会を与えたつもりでも実を結ばず、やきもきすることのほうが多いはず。私も親だから、その気持ちはよ～くわかります。

**けれど、こうした「ままならない」経験を通じて、親という役割を演じられるようになる。子どもが親にしてくれるんです。**

## 9／友達って何ですか？

**妄想《もうそう》です。**

そもそも、友達に定義ってありますか？

一度会った人を友達だと認識する人もいれば、SNS上だけでつながっていても、友達にカウントする人もいます。ここまでが友達、ここから先は友達じゃない、と区分けすることは難しいでしょう。**友達に定義はないんです。**

だから、「友達なのに裏切った」とか「友達だと思ってたのに助けてくれなかった」などと言うのは、おかしいんです。**自分で勝手に不幸を作り上げているだけ。**

じゃあ、霊的視点での友達は？

**全人類があなたの友達です。**どうですか？　みんな友達だったら、誰に対しても「友達なのに」とは思いませんよね。

現世の物質的価値観で考えるから、友達が寂しがり屋の「妄想」になってしまうんです。

**友達は家族と同様に、あなた自身を映し出す「映し鏡」。**

「類は友を呼ぶ」と言うように、出会った人は全員、「波長の法則」であなた自身が引き寄せたんです。

人には波長の高い部分もあれば、低い部分もある。知り合った人を「なんて優しいんだろう」と思うのは、あなたの波長の高い部分がその人の波長に反応したから。反対に「自分の周りに意地悪な人しかいない」と思うなら、いまのあなた自身が意地悪だということ。

**周囲を見渡せば、いまのあなた自身がどういう人なのかがわかります。**

友達は妄想で、〝類友〟。これを踏まえたうえで、「やっぱり友達って難しい」と思う人。それはあなたの視点のせいです。**相手のことをパーフェクトだと思って関係をスタートさせるから、うまくいかなくなるんです。**

「あの人っていい人なんだよね～」と期待値100の満点から始める。でも、そのうちに欠点を見つけて100点から減点していく。「減点法」で相手を見てるんです。

そうじゃなくて、期待値0からスタートして、徐々に点数を足していく「加算法」で見ましょう。そうすれば、その人との関係でちょっといいことがあると、「なんていい人なんだろう！」と思います。プラスの印象が加算されていくんです。

**「減点法」で人を見るのは、あなたの心のなかに「自己憐憫《れんびん》」、「責任転嫁」、「依存心」があるから。この三つは、別名「不幸になる人の法則」。人間関係に限らず、うまくいかないことの原因を突き詰めてみると、だいたいこの三つです。**

友達に関しては、三つのなかでも特に「依存心」が大きいでしょうね。友達への「依存心」があるから、減点法になってしまう。

友達との関係で大事なのは、あてにしないで加算法で付き合うことです。

## 10／お金って何ですか？

**お金が欲しければ、知恵を使って働きなさい。**

たましいのうえで、お金はバーベルなんです。

この世は、たましいを鍛えるトレーニングジム。

**お金はたましいの筋力を鍛える道具の一つです。**

なぜなら、お金が必要なかったら、あなたは働きますか？

もし、この世にお金がなかったら、人の気持ちって見えますか？

お金が絡むことで、「こういう人だったんだ！」と思うことがあるでしょう？　**お金は、その人がどういう人なのかを浮《う》き彫《ぼ》りにするんです。**

道具であり、「リトマス試験紙」でもあるのがお金。

さまざまな面で実によくできた、実習教材なんです。

だから、私はお金を否定したりはしません。**振り回されなければいいんです。お酒と同じで、「飲んでも飲まれるな」。要は、扱い方、使い方次第なんです。**

日本人には、お金を汚いもの、悪いもののようにとらえる傾向があります。

でも、お金が飛んできて、頬を叩きますか？

**問題なのは、お金じゃなくて、扱う人の「心」。お金に罪はないんです。**

## 11／働くって何ですか？

**私たちが働くのは、食べるため。お金のためです。**

この世にお金があるから、働くんです。

**そして、働くことには、「我慢」を経験する意味もあります。**

なぜなら、仕事だけは人間関係を選べないから。

友達との関係で問題があれば、距離を置けばいい。家族だって、嫌なら距離を置くことは可能です。

でも、仕事はそうはいきません。食べていかなくてはいけないんだから、人を選ぶことはできない。仲のいい人とだけ一緒に仕事をすることは不可能です。

誰だって、職場に苦手な人の一人や二人はいるでしょう。取引先やお客さんのなかにも「この人と付き合うのキツいなぁ」と思う人がいるんじゃないですか？

**だから、たましいが鍛えられるんです。仕事はお金がもらえて、鍛えられる。**本来なら、授業料を払わなくてはいけないのに（仕事に関しては、『スピリチュアルワーキング・ブック』〔三笠書房〕に詳しく著しているので、参考にしてみてください）。

**「職場が楽しくない」と言う人がいますが、当然です。職場はディズニーランドじゃありません。**「職場にいい人（彼氏・彼女候補）がいない」と嘆く人もいますが、職場はお見合いクラブですか？　いいえ、仕事をするところです。

当たり前のことがわからないのは、「考えない」から。冒頭で言ったように、「考えない」ことは罪。「考えない」から、いつも同じことに不満を抱いて、悩むんです。

**職場が「楽しくない」と思うのは、小我な気持ちでいるから。職場は自分で「楽し**

**くするところ」。そのためには、大我な気持ちを持つことなんです。**

大我とは、他者のために、愛を発揮すること。

「雰囲気が悪い」と思うなら、あなたがそれを変える。元気な挨拶をすることで、職場の雰囲気はよくなるはず。みんなのために、明るい職場にしようと心がけるんです。

体調の悪そうな同僚がいたら、相手の立場に立って、仕事をフォローする。そうすることで仕事全体がうまく回るし、あなた以外の人も思いやりの心を忘れないようになります。こうやって自分が大我になれば、いくらだって職場は楽しくできます。

もしかしたら、そんなあなたを見て、「うちの娘（息子）とどう？」、「知り合いのお子さんでいい人いるんだけど」なんて、上司や取引先の人が言うことだってあるかもしれません。「因果の法則」でいい種を蒔けば、いい結果になるんです。

**「いまの仕事は自分の天職《てんしょく》じゃない」と言う人がいますが、「天職」と「適職《てきしょく》」は違います。「天職」はたましいの喜び、「適職」は食べるため。**

あなたが働くのは何のためですか？　まずは食べるためでしょう。

世の中の多くの人は、「適職」に就《つ》いているんです。なぜなら、たましいの喜びだけでは食べていけないから。「天職」で食べていくことは難しいんです。

**だから「天職」と「適職」を持ち、車の両輪のようにバランスよく保つことがポイント。**

いまの仕事に不満があるなら、その理由を考えること。まずはそこからです。

## 12／成功って何ですか？

成功を勝ち取ってください。

**成功には二種類あります。**

**たましい面での成功と、物質面での成功です。**

たましい面での成功とは、自分自身が成長すること。

**たとえどんなに不幸と思えることがあっても、その経験から学びを得られることは**

**たましいにとって大成功です。**

けれど、多くの人は成功と聞くと、一流企業に入って高額なお給料をもらい、社会的地位を得る「勝ち組」になるような、物質面でのことを指していると思うでしょう。私も物質的な成功を否定はしません。大いに頑張ればいい！

ただ、その成功を目指す場合、これだけは断言できます。

**「楽して得られる成功はない」と。**

がっかりしましたか？　でも、怠《なま》け者は絶対に成功者にはなれないんです。

たとえば、一流企業に入りたいと思うなら、倍率の高い入社試験に合格しなくてはいけません。そのためには、勉強したり、人間力を磨くなど、努力が必要。決して楽ではないでしょう。楽そうに見える人でも、裏では努力しているんです。

**ですから、お金をたくさん得ることが、自分にとっての成功だという人は、「稼ぐに追いつく貧乏なし」ということわざがあるように、まず働くことです。**

体力に自信があるならダブルワーク、トリプルワークをすれば、お金を稼ぐことはできるのですから。

ただし、体が不自由だったり、病気の場合、働きたくても叶《かな》わないこともあるでしょう。そうした場合は、自分の得意なことで自宅にいながらできることはないか、探してみてください。インターネットを活用して、得意なことを仕事にできないかと考えてみるんです。

**人間に長所と短所があるように、あなた自身がたとえマイナスだと思うことがあったとしても、その面を補うプラスが必ずあります。**

**一方、一番厄介《やっかい》なのは、文句だけ言っている人。**

**これはたましい面、物質面共通。**

「お金なんか儲《もう》けたって」と言う人に限って、本心ではお金がすべてだと思っています。もし、フェラーリに乗ることが成功の証《あかし》だと思うなら、手に入れればいい。

文句をたれてないで、フェラーリを目標にして稼げばいいし、うまくいかなくてもたましい面では成功なのですから挑んだほうがいいんです。

ただし、これだけは覚えておいてください。

**それは「モノは尽きない」ということ。**

あなたもこれまでに、「これさえあれば！」と思って、何か欲しいモノを手に入れたことがあるでしょう。それでいま、満足できていますか？ 次から次へと欲しいモノが出てきているんじゃないですか？

頑張るためのニンジンとして、モノを目標にするのはいいですが、そろそろ、「モノで満たされることはない」ことも知りましょう。

とはいえ、**やるだけやってみれば、おのずとそのことにも気づくはずですから、「成功って何だろう」ってモヤモヤしてる暇《ひま》があったら、自分にとってのわかりやすい成功を勝ち取ることです。**

## 13／「失敗の人生」ってありますか？

**「失敗の人生」はありません。誰の人生も「成功の人生」です。**

ただし、一つ条件があります。

**すべての経験と感動がたましいを成長させる、と理解することです。**

「自分は何もしなかった人生だ」と思っても、誰しもその人にしかわからない経験を積んでいます。

もし、仙人のように山にこもって一人で暮らしたとしたら？　自給自足という得難い経験ができるでしょう。人と関わらなくても、孤独という人間関係を学びます。

いま、怪我《けが》や病気で思うように動くことができない人は、人生で何を得ているのかと疑問に思うかもしれません。

**でも、たとえ病に臥《ふ》した人生を送ったとしても、「成功の人生」です。**

なぜなら、経験と感動という宝を得ているから。

病に臥していることで、人からの優しさや愛を感じたり、さまざまなことに感謝できたり、気づくことがたくさんあるでしょう。それは健康に過ごしていたら、気づかないこと。そして周りの人は、あなたを通じて「愛」という学びを得ています。

このように、すべての人の経験と感動が、たましいにとっての成功。

バリバリ働いて、人からの注目を集めることだけが、「成功の人生」ではありません。

**人生を舞台だと思ってください。ヒーローやヒロインを演じるのが、役者としての成功でしょうか？　脇役は役者として失敗ですか？**

芝居で脇を固めることが重要だと言われるように、名脇役として名を馳《は》せている役者はたくさんいます。観客にとっては、むしろいい味を出している脇役のほうが印象に残るのではないでしょうか。

**幸せの実感は、自己責任です。**

## 14 ／ 失敗から、どうやって立ち直ったらいいですか？

**立ち直れないのは、あなたの責任です。**

あなたの周りを見渡してみてください。実は、そこにいる全員が、「いい失敗」をしている先生のような存在です。というのも失敗したことのない人なんていないから。

**この世での物質的価値観で測れば、あなたが経験したつまずきは失敗に思えるかも**

**しれませんが、すべてがたましいを磨くための磨き砂。**

自分のしたことを「悪い失敗」だと思うのは、人生を「成果主義」で考えているから。だから「失ってしまった」と思うんです。

そうではなく、失敗は成功のもとで、失敗から学ぶんです。このことを理解していれば、「悪い失敗」だなんて思わないはず。

**誰が何と言おうと、どんな失敗も「悪い失敗」ではなく、「いい失敗」です。**

世の中には、しくじったと思ったことが、その後の人生を好転させるきっかけになったというエピソードはたくさんあります。華やかなエピソードに限らず、どんな人でも失敗がもとでたましいを成長させたストーリーを持っているんですから、あなたも自分自身の失敗を前向きに活かすことです。

**また、失敗から立ち直るためには、他の人の失敗のストーリーを自分の人生で活かす、学びとる力も大切です。**

その力を養うために必要なのが、経験と感動。つらい経験をしたり、努力を積んだことがあれば、人の苦労にも共感できる。そして、苦労が身を結ぶことが、どんなに素晴らしいかを身をもって体験していれば、よりリアルに人の経験を自分に置き換えて考えることができるんです。

たましいの視点で言えば、この経験と感動が多いのは、肉体の年齢ではなく、たましいの年齢を重ねている人。**たましいの年齢とは、たましいがどれだけバラエティに富んだ人生を歩んだかということです。要は、さまざまなバリエーションでいかに「喜・怒・哀・楽」を得てきたか。**たましいの再生回数が多ければいいわけではありません。

幼いのにたましいの年齢が老成している人もいれば、大人であってもたましいの年齢が幼い人もいます。幼い子どもなのに人の気持ちがよくわかっていたり、いろんなことに気がついたりするのは、たましいの年齢を重ねているから。

**失敗を恐れずに経験と感動を積み重ねていくことが、失敗を乗り越えていくことになるんです。**

# 15／なぜ病気になるんですか？

**この世に意味のないことはありません。**

病気には「肉の病」、「思い癖《ぐせ》の病」、「宿命の病」と、三つあります。

**肉の病は、過労、不摂生、怪我などからくるもの。**

**思い癖の病は、思考の癖が病気として表われたもの**（たとえば、くよくよ悩みがちだったら消化器を悪くしたり、人の悪口ばかり言っていたら喉《のど》を痛めたり、心のあり方が病気となってシグナルを発します）。

**宿命の病とは、寿命も含む先天的な病などを指します。**

この三つの病が密接に絡んでいる場合もあります。過労や不摂生は肉の病ですが、その原因が「きちんと睡眠をとらない」、「食生活を軽視する」というだらしなさからくるものであれば、これは心のあり方、つまり思い癖の病。

その思い癖が直らないばかりに、過労や不摂生から進展して、死にいたる病を発症することもあります。その結果、本来あるはずの寿命を縮めてしまう。**心のあり方が、寿命をも左右する可能性がある。そのことを覚えておいてください。**

話を宿命の病に戻しましょう。

宿命の病とは、この世でのその人のカリキュラムとして、あらかじめ組まれているものです。**その後の生き方が大きく変わってしまうほどの大怪我や病気などは、宿命の場合が多いと言えるでしょう。**

何もかも順調だった人が突然大病を患《わずら》ったり、大怪我をする。そして、それを乗り越えたことで、その人には新たな人生観が広がる。こうした内容のドキュメンタリーを観たことがあるのではないでしょうか？　パラリンピックの選手のなかにも、同じような経験をされた方はいますよね。

こうした方々は、「あの経験があったから、いまの自分があります」とみなさんおっしゃいます。たましいが学びを得たからこその言葉だと、私は思います。

# 16／障碍を持って生まれる人がいるのはなぜですか？

逆に尋ねますが、この世に健常な人っているんですか？

私たちは未熟だからこの世に生まれてきます。**たましいの視点から見れば、健常な人なんて一人もいません。**どんなたましいも「なくて七癖」。人は多かれ少なかれ、癖を持っています。**健常じゃないから、生まれてくるんです。**

そもそも「障碍《しょうがい》を持つ」という概念は、物質的価値観で物事をとらえているから。

私は個性だと思っています。

たましいに問題はありません。**たましいの視点において、障碍はないんです。**

あの世には、視覚や聴覚、知能や身体、すべての面において、障碍を持つ人はいません。なぜなら、これらはすべて肉体に関すること。あの世に肉体はないし、現世での肉体は乗り物にすぎないからです。

私たちは、たましいを磨くため、自らカリキュラムを組んで、この世に生まれてきます。**たましいが何度も再生を繰り返すなかで、今回の人生ではカリキュラムとして、個性的な肉体を選んで生まれたわけです。**

そして、みんな一緒にたましいを磨いているんです。病もそうですが、いろんな人がいて、私たちは学ぶことができる。もし、この世に健康な人しかいなかったら、人に「優しさ」が芽生えるでしょうか？

物質的価値観に重きを置くこの世で、肉体的に不自由な面があることは、大変なことです。人の手を借りることを、心苦しく思うことがあるかもしれません。

**物質的価値観の一番の問題は、「自分と他者」と分けてとらえること。あなたは私、私はあなた。私たちは一つです。**

手伝われる側と手伝う側、その陰陽の組み合わせがあってこそ、みんなが成長することができるんです。

## 17／どうして短命の人がいるんですか？

**たましいの視点から見たら、大差なし。**

**この世では短命は不幸だととらえられていますが、たましいの視点ではどれだけ生きたかは関係ありません。いかに思いを込めて生きたかが大事なんです。**

短命なのは、その人の人生でのカリキュラムだから。

期間が短いことで、長寿の人に比べると、短命の人は人生での経験が少ないとは言えるでしょう。では、長寿であれば、誰もが幸せでしょうか？　肉体が衰《おとろ》えることで、介護など、家族の世話になることが心苦しいという人もいれば、いい年をした子どもに脛《すね》をかじられ、生活が困窮《こんきゅう》している人もいます。

人生は旅。寿命が短いか長いかは、この世でショートステイかロングステイかというだけの違いなんです。

あなたが経験した旅を思い出してみてください。ロングステイの旅はすべて充実していましたか？　ショートステイなのに思い出深い旅もあれば、ロングステイでもいまひとつ充実していない旅もあったでしょう。

人生も同じです。長短で人生の充実度は測れません。そして、短くても長くても、それぞれに学びがあるんです。

そもそも、再生を繰り返すたましいの視点で考えれば、この世でのステイ期間はみんなどんぐりの背比べ。50年の人生も100年の人生もたいして変わりありません。

**どれだけ生きたかではなく、どれだけ込めたか。あなたの人生、どれだけ込めてますか？**

## 18／運ってあるんですか？

**誤解している人がいますが、スピリチュアリズムと占いは違います。運は操《あやつ》るもの。**「運がいい」、「運が悪い」と言ったりしますが、「いい」も「悪い」もありません。物質的価値観で見るからそう思うだけ。すべてがその人の人生のカリキュラムとして必要だから起こるんです。

対して、**宿命と運命はあります。**繰り返しますが、料理にたとえれば、宿命は素材、運命は料理。素材は同じでも、調理法次第でいろんな料理が作れるように、**宿命は変えられなくても、自分がどう生きるか次第で運命は変えられるんです**（運命に関しては、『運命を知る』〔PARCO出版〕に詳しく著しているので、参考にしてみてください）。

私が占いで疑問視するのは、今年は一番悪い時期だから動かないこと、などとアドバイスしたりすることです。だからといって、予定していた結婚や引っ越しをキャンセルするのはいかがなものでしょうか。それで人生を存分に楽しめるとは思えません。**うまくいかないことには理由があります。それは、自らの動機や行動が理由であって、占いがそう示すからではありません。**

ただ、バイオリズムはあります。バイオリズムの高低で運がいい、悪いなどと感じることがあるのかもしれません。バイオリズムが低いと感じるときは、自分を見つめ直すメンテナンスの時期。勉強するのもいいし、リラックスする時間にあてるのもいいでしょう。

**占いにとらわれすぎずに、自分のために時間を使って、ネガティブな考えを抱かないことです。**必要以上にいいことも悪いことも起こりません。怯《おび》えて生きるのが一番ダメ。このことを忘れないでください。

## 19／縁ってあるんですか？

**縁はあります。縁は宿命。**

**意味があって、あなたはその人と出会った。その縁をどう結ぶのかが運命です。**要は、人との関係は自分の努力次第でいかようにもできるということです。

恋愛での縁も同じ。出会いは宿命ですが、そこからどうやって関係を築いていくかがポイントなんです。

**つまり、運と同じで、縁に「良縁」も「悪縁」もありません。そうやって決めつけるのは、物質的価値観。**縁はどんなふうに結ぶかによって、「良縁」にも「悪縁」にもなるんです。

# 20／人間って何ですか？他の動物とは違うんですか？

動物も本質はたましいであり、霊的存在。
その点において、人間と動物は同じです。
ただし、人間の祖先は猿の仲間であるとする「ダーウィンの進化論」と、「スピリチュアリズムでの進化論」は違います。

**スピリチュアリズムの視点では、一つのたましいが、転生するにつれて「鉱物」→「植物」→「動物」→「人霊（人間）」へと進化向上していきます。**

つまり、人間であるあなたも、かつて石（鉱物）だった経験がある、ととらえます。
よく「石のように固まってしまった」などと比喩《ひゆ》で言ったりしますが、こうやって石の気持ちを想像できるのも、鉱物だった経験があるからです。

それでは、同じ霊的存在である人間と動物の違いは、どこにあるのか？

**答えは、動物には人間のように大我、小我がないことです。**

ペットで説明しましょう。

よく、危機的な状況で飼い主を救うペットの話が、メディアで取り上げられます。自らを犠牲にしても飼い主を助ける、つまりペット自身の大我な愛による美談として人々に感動を与える話です。

けれど、ペットがそうした行動に出る本当の理由は、自己保存としての本能的な危機感があるから。ペットは大我からではなく、餌《えさ》を与えてくれる飼い主がいなくなったら、自分が生きていけないからなんです。

自らの本能のみに従って生きる彼らには、大我がないだけではなく、人間のように「自分だけを愛する」小我もありません。

その点は人間のほうが劣《おと》っていると言えるでしょう。

**大我、小我があるのは人霊だけ。**動物は再生を繰り返して、人霊を目指します。**ペットは、人間の大我の愛に触れることで、たましいが人のたましいに近づいていきます。これがペットとして飼われる彼らのこの世での学び。**

人間も動物も、みんなお互いにたましいを磨き合っているんです。

人間のなかにも人霊に進化しきれていないような、動物以下と思える人も多い今日この頃。残念ですね。意識してたましいを磨くことです。

## 21／霊はいますか？　もしいるなら、それは何ですか？

**霊はいます。心があるのと同じように。心は目で見えないし、肉体を解剖しても見つけることはできません。でも、誰も心がないとは思っていないでしょう。**

つらい思いをして「心が傷ついた」と言っても、「脳が傷ついた」とは言いません。私からすれば、この質問は「電波はありますか？」、「空気はありますか？」と言っているのと同じ。電波は目では見えないけれど、通じるから「ある」と思っていますよね。空気だって見えないけれど、息を吸っているから「ある」と思っている。

要は自分でコントロールできているから、電波と空気の存在を信じているわけです。

じゃあ、なぜ霊を信じられないのか。それは、自分ではコントロールできないからでしょう。でも、自分ではコントロールできないものは信じないという人は、人の心も信じないんでしょうか？

いまでは、霊や死後の世界に関して、世界中でさまざまなエビデンスが報告されています。

書籍『プルーフ・オブ・ヘヴン 脳神経外科医が見た死後の世界』（早川書房）で、著者である医師のエベン・アレグザンダーが、自らの臨死体験で死後の世界を見たことを明らかにしているのも、その一つです。

**いまのあなたは、いわば「肉体のなかに宿る霊」。つまり、肉体を失ったら、誰しもが「霊」なんです。**このことは、臨終《りんじゅう》に立ち会ったことのある人ならば、理解できるんじゃないでしょうか？

先ほどまで話していた人が息を引き取る。その不思議は、乗り物としての肉体と中身としての霊の関係を思えば、理解できるはずです。

## 22／たましいって何ですか？

**たましいは、心と一緒だと思えばわかりやすいでしょう。**

心と同じように、たましいも見えません。けれど、あなたの心はありますよね？

霊を信じないのと同じように、たましいを信じられないという人は、人の心を信じられない人です。

そして、死後の世界は心象風景。物質的な世界ではありませんから、たましいの定員が溢《あふ》れることはないんです。

## 23／天罰はあるんですか？

**天罰はありません。**

**自分の行ないがすべて自分に返ってくるだけです。**

不祥事などの事件が明るみになると、よくインターネット上では「ブーメランが返ってきた」と言ったりします。

**これが「因果の法則」。**

**どんなことにも確実にこの法則が働きます。**

ただし、これは「罰」ではなくて、自分自身が成長するためのもの。誰もが成長できるというありがたい法則なんです。

**そもそも、スピリチュアリズムには「罰」自体がありません。責任はすべて自分自身にある「責任主体」だからです。**

よく詐欺《さぎ》に遭った人が「バチが当たったんでしょうか?」などと言ったりしますが、自分で引き寄せただけ。

たとえば、投資詐欺などで被害に遭った人がいたら、気の毒だと思いますよね。でも、そもそも投資しようと思った動機は？　楽して儲けようと思ったからです。もちろん騙《だま》すほうが悪いですが、責任はすべて自分にあるんです。

**「不幸になる人の法則」を思い出してください。「自己憐憫」、「責任転嫁」、「依存心」**

です。**不幸な人は、必ずこの三つを行なっています。**

詐欺の被害者へのインタビューをテレビで観ると、だいたい次のような感じです。

ある人は、「なけなしのお金だったのに」と意気消沈した様子で話します。自分を可哀想だと思う「自己憐憫」です。「すべて自分の責任です」と言う人はまずいません。

またある人は、「友人の紹介だったから……」、「信用できそうな人だったのに……」と自分には非がないことを主張します。つまり、「責任転嫁」。

そして「なんとかしてもらわないと困ります」と窮状《きゅうじょう》を訴えたりするんですが、これは「依存心」。

他人事ではありません。あなたも「バチが当たっちゃった」と思ったことがあるでしょう。**しかし、それは自分が引き寄せただけですから、「罰」にして責任転嫁してはいけません。**

## 24／前世って何ですか？

知らないんですか？

まず言っておきたいのは、前世で勘違いされがちなことについて。

前世のことを、この世に生まれる前に生きた直前の人生のことだと思っているかもしれません。もちろん、それも前世です。でも、これだけではありません。

**広い意味での前世は、あなたが過去に何度も繰り返し再生した、そのすべてを指します。**

「それは、なんとなくわかる」という人に質問です。

なぜ、前世があって、自分という現在があるんだと思いますか？

**答えは、前世でやり残したことを、もう一度やるため。**

**いまのあなたの悩みは、前世でやり残したこと。**

「やり残したこと＝たましいの未熟さ」なわけで、その未熟な部分を変えるため、この世に生まれてきたんです。

「前世って、もっと夢のあるものかと思ってた」という人。それは、前世にメルヘンな願望を抱く、小我な思いがあるからです。

みんな、前世、前世と歌で歌うほど好きなのに、実は前世について何も考えてないんです。

「これをクリアすることが前世の望みなんだ」と思えば、いまの悩みに対する向き合い方だって変わります。そして、前世の存在を身近に感じるようになる。

すると、毎日がスピリチュアルで楽しくなります。**だから、すべての意味を知ることが「本当の幸せ」なんです。**

「袖《そで》振り合うも多生《たしょう》の縁」と言いますが、これは前世に関することわざ。道を歩いていて、袖振り合うような些細《ささい》なことも、偶然ではなく前世からの因縁である、という意味です。

昔から日本人は、前世を身近に感じていたんですね。

## 25／自分の前世を知ることはできますか？

すでに知っているはずです。

**いまのあなたを見てごらんなさい。**
**そのままだから。**
**あなた自身に、前世がちりばめられていますから。**

先ほど説明したように、いまの悩みは、前世でやり残したことです。他にも苦しんでいること、苦手なことなどを思い浮かべてみてください。それが、前世からの課題。前世ではそういうことが学べなかったんです。

**「前世からの課題＝人生での課題」です。**

たとえば「家族の学びが薄かった」という思いを残して再生したたましいは、次は家族関係を学ぶためにふさわしい時代、国、家族、性別を選んでこの世に生まれます。前世がどういう人かというと、「家族との関係が密ではなかった人」と言えるでしょう。

こうした場合は、あえて家族仲の悪い家を選んで生まれることもあります。家族と衝突するなかで、「家族とは何か」を学ぶんです。

**大事なのは「どこの誰だったか」ではなく、前世から持ち越した課題です。**それでも知りたいという人は、いまの生活を通して前世からの課題を見極めて、想像で人物を作り上げてもいいのです。

## 26／先祖って何ですか？
## お墓参りをすると、いいことありますか？

いい加減、愛を貪《むさぼ》るのはやめなさい。

いいことがあるからお墓参りをしたほうがいい、といった話がなされているのをよく耳にします。でも、こういう人に、私は尋ねたいですね。**「いいことがなかったら、お墓参りしないんですか？」と。**

おそらく、こうした考えを抱くのは、周囲の影響もあるんでしょう。もし親が子どもに「お墓参りをするといいことがある」などと言っているとしたら、見返りを求めることを教えているようなもの。言い方を改めるべきです。

お墓参りをすると幸福が訪れるなどと言う占い師もいるようですが、お墓参りはご利益《りやく》を求めてするものではありません。**お墓参りは、亡くなった親族や先祖のことを思って、絆《きずな》を温めることが大事なんです。**

絆を温めるとは、たとえば次のように思うこと。

「おじいちゃん、私たちは頑張ってるから心配しないでね。あの世にたくさんお土産《みやげ》話を持っていくから、楽しみに待ってて」

会ったことのない先祖に対しても、同じように思えばいいんです。

**先祖はOB、OGです。後輩が自分のことを思ってくれたら、彼らのたましいは喜ぶでしょう。でも、見返りを求めるだけだったら？　あなたが先祖なら、「な〜んだ、現世利益を求めてるだけなのか」とがっかりするんじゃないでしょうか。**

お墓のなかにあるのは骨、カルシウムです。先祖たちの霊がお墓のなかにいるわけではありません。

お墓はアンテナのようなもので、先祖のたましいとつながりやすくなるだけのこと。お墓に足を運ばないと絆を温められないわけではなく、普段から思いを馳せることで、先祖との絆を温めることは可能です。

## 27／年齢を重ねる意味ってありますか？

よい年を重ねていますか？

世の中、アンチエイジングが流行《はや》りですが、なぜそんなにアンチエイジングにこだわるのか、私には理解できません。

**見た目にはその人自身が現われます。昔は年齢より若く見られることは、未熟だと思われるのと同じでした。**年齢を経るにつれて、ルックスが変わっていくのは当然なんです。それなのに、いまは「若い」か「死」かの二択になってしまっている。

人の心と自然界は通じています。日本には四季があり、日本人には移ろう季節を楽しむ感性がありました。それがいまでは暑いか寒いしかなく、二季のような気候です。

木々が紅葉し枯れていく美しさを忘れているのと同じように、年を重ねることの美しさを忘れてしまっているんです。

人生のバリエーションは、年齢を重ねることで豊かになります。年齢を重ねながら、恋愛、就職、結婚、出産など、さまざまな経験をするからです。

しかし、ここで大きな問題があります。**それは、こうした「人生のレール」に誰もがずっと乗っているわけではなく、スムーズに進んでいくわけでもないことです。**

人生は人それぞれで、バリエーションが異なります。誰もが「これを経験しないと人生でのバリエーションが乏《とぼ》しくなる」というものではありません。

**けれど多くの人が「恋愛できない」、「就職できない」、「結婚できない」などと、人と同じレールに乗れなかったときに、嘆くようになります。**そして、自分は不幸だと考えてしまうんです。

結婚しない人生もあれば、子どもを持たない人生もあります。会社に就職しないで、起業したっていいんです。

人の一生なんて、そうたいしたことはできません。**いろんなことを経験しようと思ったら、一回では足りない。だから私たちは、何回も何回も再生するんです。**

# 28／占いは、信じていいですか？

**無駄です。**

スパイスはあくまで料理のアクセントであって、主たる味ではありません。けれど、占いを「主」にしてしまっている人があまりにも多いのではないでしょうか。**自分自身の学びのスパイスとして、有効活用するならいいと思います。**

そもそも、人生には必要以上にいいことも悪いことも起こりません。

転ぶことだってありますが、ただでは起きずに、〝まんじゅう〟を握りしめて起き上がる。学びという〝まんじゅう〟を得ればいいんです。**転ぶことを恐れて、占いを人生の主軸にしてしまう人は、臆病《おくびょう》で怠け者だと言えるでしょう。**

私にも、親しくしている占い師さんはいます。その方が素晴らしいのは、占いはあくまで入り口にすぎないと言っていて、相手の個性と霊性を見つめて、どう生きるべきかを説いているところです。

**結局のところ占いではなく、その方の人間力（霊性）なのです。**

## 29／どう祈ったら、願いは叶いますか？

**ただ祈るだけで願いが叶うことはありません。**

起こることはすべて、自分の行ない次第だからです。

もし祈るだけで叶うのであれば、誰も努力しません。祈り続けるだけになってしまうでしょう。

確かに念力はあります。けれど、念力を持つ人は努力もしています。これが大きなポイントで、**念力とは努力に加速を与えてくれるものなんです。**

「祈りは通じない」、「祈りは無駄だ」とは決して思いません。火があっても木をくべないとよく燃えないように、祈るだけではなく努力という行ないが必要なんです。

**私はよく「祈るように生きなさい」と伝えています。**

**それは「込めて生きる」ということです。**

# 30／学校は行かなくちゃいけませんか？

**いのちより大切な学校はありません。**
**行きたくなければ、行かなくて結構です。**

世の中では、学校を一つのライセンスのようにとらえる風潮があります。そうした物質的価値観のためだけならば、学校は無理して行かなくていいと思います。ただし、家で好きなことをして、だらけて過ごしていいというわけではありません。「ホームスクール」を活用するなど、家庭で学習することが必要です。

学校について語る際、まず教育とは何かを考えなくてはなりません。教育とは教えて育てることと思っている人が多いと思いますが、ただ何かを教えることが教育ではありません。教育とは「教えを育《はぐく》む」ことです。「教え」とは真理を指します。**「教えを育む」とは、叱《しか》ったり、泣いたりするなかで、生徒が本当の答え（真理）を探すこと。真理を見出すためには、考えなくてはい**

**けません。**

つまり、学校は生徒が「考える」ことを育む場であるべき。生徒の「なぜ？」、「どうして？」の疑問に答え、視野を広げるための場。これが学校の本来あるべき姿です。

## 31 ／ 勉強したくないんですけど、しないといけませんか？

**勉強はしなくてはいけません。**

**なぜなら、勉強とは学歴のためではなく、考える訓練だから。**

考えるためには、広い視野と物事の核心を突く視点が必要。勉強を通じて、それを学ぶんです。

英語を学べば世界が見えてくるように、数学でも化学でも国語でも、すべての教科を通じて視野を広げることができます。そして、そのなかでどこが重要なポイントなのかをつかむことで、理解を深めることができる。

こうやって考える訓練をするんです。

訓練をしたら、次は実践です。

実践の場は人生。人生ではいろんなことが起こります。その場面、場面で視野を広く持ち、物事の核心を突いたうえで考える。それは人間力とイコール。**勉強することは、人間力を高めることにつながっているんです。**

人はいくつになっても勉強できますが、脳が活性化しているときに幅広く学べるのは、若さの特権でもあるんです。

## 32／なぜ、自殺しちゃいけないんですか？

**スピリチュアリズムの視点で言えば、最も罪が重いのが自殺です。**

人の寿命は宿命。この世を何歳頃に去るのか、あらかじめ自分で決めてから、私たちは生まれてきます。寿命は、その人の人生における学びの終わりです。**けれど、自殺でこの世を去るのは寿命ではありません。**

繰り返しますが、私たち全員がたましいの学びのため、自ら望んでこの世に生まれてきました。それを途中で放棄することが、自殺なのです。

**自分の意志を放棄するのは、「責任主体」に一番反していることです。だから、最も罪が重いのです**（いのちに関しては、『いのちが危ない！ スピリチュアル・カウンセラーからの提言』〔集英社〕に詳しく著しているので、参考にしてみてください）。

自殺の原因の根底にあるのは狭い視野、物質的価値観です。

自分自身を完全に否定して、生きる価値がないと思うことで、自暴自棄《じぼうじき》になって自らを死へと追いやってしまう。けれど、どんな人でも生きていれば、経験と感動があります。**たとえ「最低な生活」、「最低な自分」と思って生きているとしても、生きているだけであっぱれなんです。**

警察庁のデータによると、２０１８年の全国の自殺者数は二万八四〇人。９年連続で減少していますが、19歳以下の自殺者数は増加しています。この事実には非常に心が痛みます。

私が断言します。**人生に越えられない苦しみはありません。価値があるから生きるのではなく、生き抜くことに価値があるんです。**

## 33／親を好きになれません。それでもいいですか？

**完璧な親はいません。**

親は役割。親は親として生まれたのではなく、一人の人間として生まれたんです。子どもと親の関係も人間関係。人間と人間、個性と個性です。**子どもが親を好きになれないことがあっても、当然です。**

未熟な親はいます。子どもが「親なのに！」と言うのは、実はおかしいんです。

私が出演しているラジオ番組には、親との関係に悩んでいる若いリスナーからの相談がよく寄せられます。

そのなかには、「とっかえひっかえ男性を家に連れてくるシングルマザーの母親が好きになれない」という高校生もいました。高校生とは思えないきちんとした文章から伝わってきたのは、成熟した人柄でした。

ギャンブル依存症やアルコール依存症など、問題のある親を持つ子どもが悩んでいるというのは、世間でもよく耳にする話です。**こうした親はたましいの年齢が幼い。親よりも、子どものほうが霊性が高いんです。**

これは正に「鳶《とび》が鷹《たか》を生む」ということわざ通り。そして、この言葉はとてもスピリチュアルな言葉。なぜなら、血とたましいは別だと言っているのと同じ意味だから。肉からは肉しか生まれず、たましいからたましいが生まれる。親子であっても、血は関係ありません。

親を好きになれなくてもいいんです。**あなたがそんな親子関係から学ぶのは、自立心。まず、親も一人の人間だということを理解すること。いかに俯瞰《ふかん》して親を見つめることができるかなんです。**

## 34 ／ 親が望む学校に落ちました。自分は親不孝ですか？

もし、親の思う通りに生きるのが親孝行ならば、ほとんどの人が親不孝になってしまうでしょう。

**でも、「自分は親不孝だ」と思うことは悪いことではありません。親に対して申し訳ない思いを抱くことは、実は親孝行のもと。その罪の意識が、親への愛を育むことにもつながります。**

そもそも親というものは欲深いんです。子どもが生まれる前は、「とにかく健康であればそれだけでいい」と願います。けれど、生まれたら「いい学校へ行ってほしい」などと言い出すんですから。

私は世の親御さんにこう言いたいですね。

「お子さんが生きていて、育てられただけでいいじゃないですか。これ以上何を望むんですか？」

## 35／やりたいこと、行きたい学校……進路なんてわからない。どうしたらいいですか？

進路ってそんなに必要ですか？

**進路が明確な人は、「明確な考えを持っている」という個性を有しているだけ。明**

**確じゃない人は、それが個性です。**

個性なんだから、それが悪いわけでも、人より劣っているわけでもありません。どうして、あえて見つけないといけないんでしょうか。

こうした思い込みは、いまの時代を反映する時代病。「やりたいこと＝人に自慢できるようなこと」だと思うのも、この時代病の特徴です。家でボーッとするのがやりたいことならば、それでもいいんです。

やりたいことを叶えなくてはいけない、目標がなくてはいけない――**こうしたスローガンを自分の人生に打ち立てなきゃいけないように感じるのは、ある種の洗脳だと言えるでしょう。**私には、戦後多くの人が、歪《ゆが》んだ自己啓発の洗脳を受けているように思えてなりません。

世の中には、確かに自分のやりたいことを叶えている人がいます。だからといって、誰もが同じような生き方を目指す必要があるでしょうか？

洗脳のなかで生きていると、考えることを忘れてしまいます。**肩の力を抜いて、自分のたましいが何を望んでいるのかを見つめることです。**

## 36／スマホとかゲームをしていると親から怒られます。楽しいからやってるのに、そんなにダメですか？

いいんじゃないですか。

**ただし、視覚的な刺激などの影響から、脳がダメージを受けることを自覚しておくこと。そして、スマホ使用料は自分で払うこと。この二つが条件です。**

そのうえで、自らの将来の責任は、あなた自身にあることも認識しましょう。

もし、あなたが使用料を払えない年齢であれば、たとえ親のお金であっても、他人のお金なんですから、自分の楽しみだけのために使ってはいけません。

**そのためには、まず親が子どもに、悦楽《えつらく》には対価を払わなくてはならないと教えるべき。**そうでなければ、子どもは将来、悦楽のみを求める大人になってしまいます。

なかには、スマホを与えていれば静かだからと、親自らがそうさせている場合もあります。**子どもだけが悪いのではなく、依存させてしまっている親も悪いんです。**

# 37／SNSとは、どう付き合えばいいですか？

暇なんですね。

暇じゃなければ、そんなことで悩みません。

SNSばっかりに気を取られているのは考えものです。とはいえ、周りの友達がみんなやっていたら、SNSをまったくやらないわけにもいかないでしょう。

**ですから、重要なのは扱い方次第。**

**使う際の注意点は、お金と同じで「飲んでも飲まれるな」。**

いまは、フェイクニュースがあたかも本当のニュースであるかのように報じられる時代。大の大人でも何が本当で何がフェイクか、見極める目を持つのは困難です。

あなたの周りにも、SNSのなかだけで理想の世界を作り上げている人もいれば、裏アカで表のアカウントとは別人のようなツイートをする人もいるでしょう。

**だから、飲まれてはいけない。SNSでの世界は、しょせんすべてが幻《まぼろし》だととらえて、本気にならないことです。**

もしあなたが親だったら、時代の流れには逆らえないと諦《あきら》めるのではなく、子どもに「本気になってはダメ」と指導するべきです。

大人のこうした俯瞰の視点が子どもにとっても、社会にとっても必要なのです。

## 38／学力の高い学校に入った結果、落ちこぼれました。どうしたらいいですか？

**それは素晴らしいことです。**

**落ちこぼれることで、若いうちから自分を知ることができたんですから。**

地元では出来のいい子と言われていたのに、高校へ進学したあたりから自分よりも出来のいい人が山ほどいることに気づく。こういう経験をした人はいるでしょう。

**でも、経験できて何よりなんです。なぜなら、人の本心が見えるから。**

それまでは周りがちやほやしてくれたのに、落ちこぼれたら「ダメな子」扱いをされることもあるでしょう。

そこで、人がどこを見ているかという視点に気づく。**人からの評価なんてあてにならないことも実感できるんです。**

「頭がいい」と言われ続けて人生が終わったら、大変なことになってしまいます。学歴の高い人が問題を起こす事件もたくさんあります。学歴と心が比例していたらいいんですが、弱さや痛みへの理解が足りないために、落ちこぼれたことのない人による事件が、起きてしまうこともあるんです。

**落ちこぼれたら、努力しましょう。努力して得られる喜びを味わえて、これまでわからなかった落ちこぼれの人の気持ちもわかるようになります。**

素晴らしい経験だと思いませんか？

## 39 ／ 家にいたくないし、帰りたくありません……どうしたらいいですか？

**ならば戦略を。**

「いますぐ家を出たい」と思うかもしれませんが、ここがダメ人間になるかどうかの分かれ道。戦略を考える気がないなら、あなたは「嫌だ」と言う割には、口ほどにもない奴だということ。親が正しいのかもしれません。

**思いのままに急いでことを進めるのは得策じゃないんです。**

まず、そう思う自分に問題があるのではないかと考えてみましょう。家族と喧嘩《けんか》して、自分が感情的になっているんじゃないか……。もしくは、自分が悪いのに家族のせいにしているのかもしれない……。

理性的にいろいろと考えてみた結果、それでも家を出たいという結論に達したら、いまから頑張ってお金を貯めましょう。

何事においても、計画性が大事です。

アパートを借りるならいくら必要か、お金の算段を立てる。そしてXデーを定めて、虎視眈々《こしたんたん》とそのときを狙うんです。実現までに時間がかかるのをもどかしく思うかもしれませんが、本当に一人暮らしをしたいなら、その日を楽しみに我慢できるはず。

その間に「やっぱりいまは実家暮らしのほうがいい」と思うなら、時間をかけた結果見えたものがあったということ。そのことで、あなたがより理性的になれたんです。

中学生や高校生の場合は、果てしなく先に感じるかもしれませんが、我慢するのはたかが数年です。通っている学校に寮があるなら、寮に入るという選択もあります。進学する際に寮のある学校を選ぶことも一案でしょう。**どんな選択をする場合でも、感情はダメ。理性で判断するようにしましょう。**

## 40 ／ いちいちうるさい親は、どうしたらいいですか？

親が心配性すぎて何かと口を挟《はさ》んでくるなら、聞き流せばいいだけです。自分に必要なことだけを心に留めて、後は聞き流すんです。

一方、心配性ではない親を「うるさい」と思うのは、自分が悪いとわかっているから。実は、親からの指摘が図星だからです。

私が人からデブと指摘されたら、カチンときます。なぜかというと、自分がデブだと自覚しているからです。もしデブだと思っていないなら、気にも留めません。

人は図星を指されると、つい反応してしまうもの。**親からの言葉に腹が立ったときは、自分が何に反応したのか、自らを見つめ直して考えてみる。これを内観《ないかん》といいま**

す。

内観して自分の改善すべきことがわかったら、日々の生活でそのことを意識して、改善する努力をしてみることから始めてください。

## 41／友達に合わせるのは疲れるけど、独りぼっちも恐い。どうしたらいいですか？

なぜ友達に合わせる必要があるんですか？

一人は悪いことばかりではありません。

どんなことにも、必ずプラスとマイナスがあります。

一人は寂しいと思うかもしれませんが、反面、自由があります。マイナス面だけではなく、プラス面も見るようにしましょう。

とはいえ、こういう悩みを抱えている若い人は多いと思います。

私に言わせれば、悩みの根源にあるのは、自分の世界を限定している視野の狭さ。

視野が狭いことは、不幸のもとなんです。

まず、友達の範囲を自分で狭めるのは、やめましょう。バイトでも趣味でもいいから、自分のフィールドを広げること。そこで知り合う人も友達です。

そうやって友達が増えると、たとえ独りぼっちになりたくても、なかなかなれないでしょう。

さまざまな人と関わることで、視野はぐんと広がります。その結果、学校の友達のことも客観的に見ることができるようになるはずです。

## 42 ／ 友達からはぶられました。身に覚えはないんですが、どうしたらいいですか？

視点を変えなさい。

**はぶられるのはもちろん嫌なことですが、視点を変えるしかありません。**


誰だって一度は、はぶられた経験やそれに近い思いをしたことは、あるんじゃないですか？

学校の友達からはぶられたとしたら、その関係だけにこだわらずに、視野を広げてみましょう。バイト先やサークル仲間、地元の友達など、学校以外のすべての友達から同じようにはぶられているわけではないはず。

いまであれば、SNS上で趣味の合う友達を見つけるのもアリでしょう。こういうときにこそ、SNSをうまく使って、しんどい環境の外に目を向けるんです。

**もし、どんな場所でもはぶられるならば、原因は自分にあるのかもしれません。改めるべきところはないか、自らを見つめ直してみてください。**

また、小・中学生で学校の友達しかいない場合は、言い出しにくいかもしれないけれど、やっぱり親に相談してみることです。

そうすれば、親の協力を得て、塾や習いごとなど、別の場所で友達を持つことも可能になります。状況によっては、別の学校を選んでもいいでしょう。

**そして、どんな人にでも言えることですが、社会人でない限り、いまの状態がずっと続くわけではなく、必ず終わりが来ることも、知っておいてください。**学年が変わればクラス替えがあるでしょうし、進学という大きな節目もあるんですから。

はぶられている状態から抜け出すのは、金縛《かなしば》りを解く方法と似ています。金縛りは寝返りをうつことで解けるのですが、その隙《すき》とタイミングが必ずあります。それを逃さないのがコツなんです。

それと同じで、学校での節目というタイミングを逃さないこと。そのタイミングで学校を変えることを考えてもいいでしょう。

はぶられるだけではなく、いじめを受けるようであれば大きな問題。親や学校の先生に必ず伝えてください。**暴力を受けたり、何かを盗まれたり、隠されたりといった実質的な被害があるなら、学校に行かなくても構いません。いのちより大切な学校なんてないんです。**

こうした場合、親は学校や教育委員会など、しかるべきところにきちんと訴えるべきだと私は思います。

**人を動かすためには、ときには演じることも必要。相手が迅速《じんそく》な行動に出るよう、あくまでも理性的に「騒《さわ》ぐ親」を演じてみるのです。**

# 43／なぜ意地悪な人っているんですか？

不幸だからです。幸せな人は意地悪しません。不幸だからするんです。

インターネットを見れば、明白でしょう？　**意地悪をする人のだいたいが、妬《ねた》み、嫉《そね》み、嫉妬《しっと》からそうするんです。**

そのことを自覚していない人は多いですけどね。

要は小我なんです。**なぜ小我な自分が出るのかというと、弱いからです。自分を守る気持ちが意地悪に向かわせるんです。**

誰かに意地悪をするのは、「自分のことをわかってほしい」という気持ちの表われでもあります。でも、自分をわかってもらうために、意地悪をしてしまうなんて、寂しくて可哀想な人だと思いませんか？

**意地悪をされたら嫌な思いをするのは当然ですが、大切なのはこうした人と同じ土俵に上がらないこと。**「金持ち喧嘩せず」です。

いくら意地悪をされても、「アホだなぁ」と思っても、にっこり笑って、心のなかで「転びなさい」と思えばいいんです。

これが意地悪な人への一番有効な対処法です。

## 44／自分は、体と心の性別が違います。どうしたらいいですか？

自覚したとき、最初は動揺するかもしれませんが、受け入れることです。

**みんなと一緒である必要はありません。**

いまは多様性を重視する時代。世間の認識の度合いを考えると、ひと昔前と比べて、偏見《へんけん》は随分《ずいぶん》と減ったように感じます。

世間よりも、むしろ身近な人の物質的価値観による偏見が強いことのほうが、多いんじゃないでしょうか。環境次第では随分と苦しむ人もいるでしょう。

母親から「男の子に産んだのに」、「女の子に産んだのに」などと言われて、悩むこともあると思います。

けれど、無理に抵抗したりもがいたりしても、自分を不幸にするだけ。自分で自分を苦しませてはいけないんです。

**もしあまりにも悩むようだったら、その理由は差別心。**自分を差別する人は、人を差別します。人を差別する人も、自分を差別します。

**自分が、一番自分自身を差別していることに気づきましょう。**

自分という素材をどう料理するか。それが人生です。

素材をよく理解しなければ、おいしく料理することはできません。

**そのためには、まず自分を受け入れることから始めましょう。**

たましいに性別はなく、あるのは役割だけ。男女も役割です。あとは自分のプロデュース力とコーディネート力。

あなたの人生は、自分自身でどんなふうにでも創ることができるのです。

## 45／好きな人が、自分ではない人を好きみたい。諦めるべきですか？

**その人を見送りましょう。**

**そうすることが本当の愛だからです。**

恋愛で自分の思い通りにいかないことがあると、悲しくて泣いたりしますよね。でもそれは、あなたの小我が泣かせているんです。

**愛しているのはその人ではなく、自分自身。自分がかわいいから泣くんです。**

そもそも、人の気持ちをコントロールなどできません。客観的に考えれば、相手に自分の思い通りの行動を望むなんて、まるで独裁者みたいで恐いと思いませんか？

**あなたが本当に相手のことを思うのであれば、その人が好きな人と結ばれることを望むべき。だから「諦める」のではなく「見送る」のです。**

こうした葛藤や悲しみも恋愛での学び。いまはつらいかもしれませんが、あなたのたましいはちゃんと学びを得て成長しています。

## 46／異性が恐いです。どうしたらいいですか？

**女性が男性を恐いと思う場合は、トラウマが原因でしょう。**

その自覚がないならば、赤ちゃんの頃か、もしくは前世でのトラウマかもしれません。前世で男性から横暴な振る舞いをされるなど何かしらあったことで、その経験が恐怖となってたましいに刻まれたんです。

**男性が女性に対して恐いと思うのは、母親との関係性に問題があったことが考えられます。これもトラウマの一種でしょう。**

では、恐さに対してどうすればいいのか？

**①異性を上手に避ける**

**②異性をあえてよく分析する**

私は、この二つの道しかないと思います。

②は、簡単に言えば「敵を知る」こと。これはできる人とできない人がいるでしょう。分析するためには、相手を観察することが必要ですから、自分には無理という人にはお勧めできません。

でも、可能な人は相手をじっくり観察してみてください。体の大きな男性が恐いなら、肉体自体が恐いのか、それとも存在感が恐いのか、どこがどんなふうに恐いのかを分析するんです。

**「なるほど、そういうつくりなのか……」、「そういう生態なのか……」などと理解すると、あまり恐くなくなります。**

「恐い」は感情。分析は理性です。

少なくとも「未知の生き物」という恐さは払拭《ふっしょく》されるでしょう。

## 47 ／ 恋人から暴力を受けたら別れるべきですか？

**別れるべき。当たり前です！**

**あなたがサンドバッグになる必要はありません！**

暴力に限らず、お金を使い込んだり、借金をするなど、ダメだとわかっていることをやられたら、別れたほうがいい。ダメなことはダメなんです。

仮に一度許したとしても、二度同じことをされたら完全にダメです。それでも別れられない人は、相手と「同じ穴のむじな」。お互いが依存し合っている共依存の関係です。

共依存だとわかってもその人と一緒にいることを望むならば、ボランティアだと思って付き合うしかありません。

**共依存もボランティアも嫌ならば、相手を変えようと思わず、自分が変わる。その人と別れることのできる自分になるんです。**

これが歪んだ関係から抜け出すための鉄則です。

## 48／未成年で結婚するのはアリですか？

**ナシです。**

早く一緒になりたい気持ちはよくわかりますが、本当に好きな相手なら、数年待つことはできるでしょう。せめて成人してから、という選択肢もあります。

なぜナシなのかと言えば、感情だけの若い人も多いから。

この世は物質界ですから、まずは経済力。収入もないのに、子どもだけ持つような、感情だけで先走る結婚は現実的じゃありません。

そして重要なのは、お互いがどれだけ社会というものを知っているか。

働かなければ社会を知ることはできません。働いていても、「社会を知っている」と言えるのは、地に足のついた生活ができている人だけです。

こうしたことをクリアできているなら、責任主体で結婚すればいいのではないでしょうか。

## 49 ／ 望まない妊娠……おろすべきですか？ 育てるべきですか？

動機がすべてです。

正論で言えば、堕胎《だたい》は殺人。どこに「殺人をしなさい」と言う人がいるでしょうか。スピリチュアリズムに沿って考えてみても、やはり産むべきです。

お腹の赤ちゃんに一番気の毒なのが、愛なき堕胎です。つまり、いたしかたなく堕

**胎するのと、宿ったいのちを邪魔なものとして堕胎するのはまったく違います。**

自分が病気で赤ちゃんのいのちをとるか、自分のいのちをとるか、という厳しい選択に直面する人もいるでしょう。

すでに子どもがいて、その子を育てるために、自分のいのちを優先しなくてはならない。そんな苦渋の決断を下さなくてはならない場合もあると思います。

**そこに愛があるか。それが一番大事なのです。**

もしあなたが自分では決断できないくらい若いならば、信頼できる大人に相談することです。どうしても親に言えない場合には、専門の相談員がいるSOSダイヤルを利用するなど、第三者の力を借りましょう。

## 50／恋愛で、嫉妬ってしてもいいですか？

**嫉妬も楽しんでください。**

名作といわれる恋愛映画やオペラなどでは、男女間での嫉妬が描かれている作品も多く、観る人を切ない思いにさせ、心を揺さぶります。

恋愛での嫉妬はスパイス。そう理解していれば嫉妬するのもいいでしょう。

嫉妬は自分のことを愛するがゆえの小我の感情ですが、恋愛中のカップルがお互いにその感情を楽しむくらいの余裕があれば、スパイスとしては有効だと思います。

**とはいえ、こう言ってしまったら身も蓋《ふた》もありませんが、いくら嫉妬してみたところで、相手が違う人のもとへ行ってしまったら別れるしかありません。**

嫉妬のあまりストーカー行為に走ったりするようなことは、決してしてはいけません。くれぐれも嫉妬に溺《おぼ》れないようにしてください。

## 51／復讐するのはいけないことですか？

**復讐《ふくしゅう》するのは無意味です。**

**意味がないどころか、復讐したことで「因果の法則」が働き、ブーメランのように自分に返ってくるだけです。**

復讐したいと思うほどの経験。それは苦しいものです。納得できないし、悔しいでしょう。でも、放っておけばいいんです。あなたが手を下す必要はありません。相手があなたにしたことは、「因果の法則」によって、必ずその人自身に返ります。

こう言うと、「いつ返るんですか?」と尋ねる人がいますが、それは何でもインスタントに結果を得たいという、現代人ならではの思考。インスタント思考です。

**人それぞれにふさわしい時期があって、ブーメランは適切なタイミングでその人に返ります。**

## 52／大学には行かないといけませんか?

大学は義務教育じゃないんだから、行きたい人が行けばいいんです。

型にはめられるのが嫌なのに、気づかない間に自分を型にはめようとしている人が多いのは、いまの時代の特徴かもしれません。

世の中には、親の理解が得られなかったり、経済的に難しいという理由などで、大学へ行きたくても行けない人もいます。

**親から大学へ進学するよう言われて、受験勉強に憂鬱《ゆううつ》になる人がいるかもしれませんが、まずは自分が恵まれていることに感謝すべきでしょう。**


ただ、学歴のためだけに大学へ行くのなら、甚《はなは》だ疑問です。

一流大学に入れば、将来が約束されると思うのかもしれません。確かに一流企業に入りやすくなる面があるんでしょうが、入社すればすべて安泰なわけではありません。その後、出世競争で脱落する人もいるんです。

実際、私は過去のカウンセリング（現在は休止中）で、そうした人たちからの相談をたくさん受けました。人生に絶望して、生きる希望を失ってしまった人たちです。

**将来、学歴よりも頼りになるのは人間力。どんな仕事にも共通して言えることです。**

## 53／大学生のうちに、しておいたほうがいいことって何ですか？

大学のいいところ、それは「無駄」な4年間です。

バイトしたり、恋愛したり、バックパッカーで旅行したり。やりたいことがあれば、それに時間を費やすことができます。

若いときに経験できる、何というありがたい「無駄」でしょう！


**働き始めたら、この時間は取れないんです。**

**大学へ行ける人は、この機会を与えてもらうことに感謝しなくちゃいけません。**

だから、きちんと単位を取る優等生として大学時代を過ごすだけではもったいない。大学時代のいろんな経験が、後の人生の肥《こ》やしになるんですから。

**大学では「無駄」な時間を存分に味わってください。**

いま大学生の人も、これから大学に進学する人も、このことを心に留めておいてほしいと思います。

## 54／就活で内定がもらえない自分は、社会不適合者なんでしょうか？

**そもそも、会社に属することがそんなに大事でしょうか？**

若い人のなかには、親が過保護だったりすると、何かと傷つきやすい温室育ちのような人がいます。**内定がもらえないと自分が否定されているようで、社会で生きていけないと不安になるのかもしれませんが、それは近いところしか見えていない、視野が狭い考え方です。**

帰属意識が高いのは、日本のサラリーマン社会に根づいている侍《さむらい》的なメンタリティの負の側面。そんなミニマムな価値観にこだわる必要はありません。もっと大局的に自分の人生を見つめることです。

勝ち組、負け組などと言いますが、たとえ勝ち組に見える人がいても、その人の人生の終わりまでを見て言っているわけではないでしょう。**あくまで通過地点での話。しかも、その価値観がすべてではないのです。**

## 55 ／ 自己肯定感は、どうやって得ればいいんでしょうか？

自己肯定感が得られないという人は多いでしょう。

それはある意味、当然です。

**なぜなら、自分自身のことがわかっていなければ、〝自己を肯定できる感覚〟なんて得られないから。**

果たして、どれだけの人が自分をきちんとわかっているでしょうか?

自分自身を理解しようと思ったら、日頃から考える癖をつけることが必要。

何か楽しくないことが起きた際、そのときだけ落ち込んだり、怒ったりする人は多いでしょう。けれど、それは感情。一時的なものなので、月日が経ってそのモードから抜ければ、忘れてしまいます。

ですから、あくまで理性的に、何が原因だったのかを内観するんです。自分の思い癖が招いたことじゃないかと分析する。失敗したと思ったら、いつも繰り返していることじゃないかとさらに探っていく。

**根拠のない自己肯定は、結局のところ脆《もろ》いもの。**

**自分を理解して向上していくことで、自然と自己肯定感も高まっていくんです。**

# 56 ／ 会社が自分に合わないと思っても我慢すべきですか？ それとも早く辞めて次に行くべきですか？

**すべては責任主体。人生は自由です。**
**自分で決めるしかないんです。**

もしも、明らかなブラック企業だと判断できるなら、我慢する必要はありません。**過剰な労働を強要されるなど、働き続けるといのちが脅《おびや》かされると思ったなら、即刻辞めるべき。**虎に襲《おそ》われそうになったら、誰もが逃げるでしょう。それと同じです。

何を基準にして、会社が自分に合っていないのか。それを分析してみること。物質的価値観で測っている面もあるかもしれません。結局のところ、その人次第なんです。会社が合わないのではなく、堪《こら》え性がなかったり、自分自身に問題があるということもあるでしょう。そうした場合は「辞めなきゃよかった」と後で悔やむことになる。「因果の法則」によって、結果として現われるんです。

**自分に問題があるなら、どこの会社に転職しても、再び同じことが起こります。そ**

**して、また同じ学びを繰り返すことになるんです。**

「因果の法則」は成長の法則。私たちを落ちこぼれたままにさせないという、とても深い愛の法則です。

## 57／職場にいる苦手な人に、どう接すればいいですか？

**相手の懐《ふところ》に飛び込むことです。**

「そんなことできるわけない！」と思いますか？

そう思っている間は、苦手意識を変えることなんてできません。

どうやって懐に飛び込むのか？

**相手の反応を見ながら、いろんな方法で試してみるんです。**

相手が上司の場合はこうです。

仕事を糸口にするなら、「わからないので教えてください」と教えを乞《こ》う。もし、それで反応がいまひとつだったら、今度はもう少しフランクな感じで攻めてみる。

「今度、飲みに連れて行ってください」と言ってみるのもいいし、「相談に乗ってほしいんです」でもいい。こちらから、いろんなボールを投げてみるんです。

そうしていると、どこかで相手がボールを投げ返してきます。**最初からうまくはいかないかもしれませんが、そこはトライ&エラーで、いろいろと試すんです。**

基本的に人は寂しん坊です。頼られて嫌な気がする人はいません。懐に飛び込まれたら、「守ってあげなくちゃ」という思いを抱くものです。

**苦手な人を避けてしまいがちですが、そうすることは逆効果。**物理的にも考えてみてください。懐に入れたものは、自分から見えないでしょう？ **逆に、距離があると目に入るんです。あなたが相手を避けようとするほど目につく。**

つまり、あなたが苦手だと思っている様子が相手に伝わってしまうんです。

**だから、嫌なら嫌なほど、その人を避けないほうがいい。**

人との接し方は、犬との接し方ともよく似ています。

恐いからといって逃げたら、犬はどんな反応をしますか？ 追いかけてきますよね。

それは、遊んでいると勘違いするから。だから、面白がって追いかけてくるんです。人で言えば、いじめがまさにそれです。

**じゃあ、逃げないで自分から積極的に近づいて撫《な》でればいいかというと、それは大間違い。手を出した瞬間に、ガブッと噛《か》まれてしまいます。**犬は、基本的に恐がりで神経質。吠《ほ》える犬は威嚇《いかく》しているように見えますが、実は恐がっているんです。

最初は動かずに、ただじっと待つ。時間をかけると向こうからそばに近寄ってきて匂いを嗅《か》ぎ始めるので、そうしたら頭を撫でるのではなく、手の甲を出す。

それで犬が手を舐《な》めたら、許しを得たことになります。そこで、はじめて胴のあたりを触る。**段階を経て、許されることが大事なんです。**

**人間も一緒で、下手な行動をとるのではなく、相手の心理を読む。**

そして、愛を持って接するんです。

## 58／好きなことを仕事にしてもいいですか？

どうぞ、好きなことを仕事にしてください。

**ただ必ず、マイナス面もあります。**

仕事に限らず、どんなことにも言えますが、プラスがあればマイナスもある。

**好きなことを仕事にして、それなりの収入を得ながら軌道に乗せるには、当然それだけの努力が必要なんです。**

YouTuberも含め、メディアで活躍する人は好きなことを仕事にして、いとも簡単に成功しているように見えるかもしれませんが、その陰で嫌な思いもたくさんして、日々研鑽《けんさん》を積んでいるんです。

**世の中で好きなことを仕事にしている人は、ほんの一握り。**

このことも忘れないでください。

## 59 ／ ありのままで生きるには、どうすればいいですか？

「ありのまま」って何ですか？

「自分らしく」とも言いますが、自分のことをわかってますか？

**「ありのまま」も「自分らしく」も、その姿自体が間違っていたら大問題。世の中、わがままな人だらけになってしまいます。**

ダイコンを畑から引っこ抜いて、そのままで食べることができますか？　ちゃんと洗って泥《どろ》を落として、調理してからじゃないと、食べられませんよね。

**人も同じで、素のままで社会に出たところで、受け入れられることはありません。自分という素材をちゃんと料理してから。長所を伸ばして、短所を補い、よりよい自分になることが必要なんです。**

「あなたは、あなたのままでいい」という言葉もよく耳にします。

精神世界ではよくこの言葉を使います。そのため精神世界の言葉だと勘違いされがちですが、それは大きな間違い。むしろ私は、声を大にしてこう言いたいんです。

**「あなたは、あなたのままでよくありません！」**

# ６０／苦手なことには取り組むべきですか？得意なことだけでもいいですか？

**取り組むべきか、取り組まざるべきか――この二択しかないのが、不思議でなりません。**将来ものになるか、ならないかを重視して判断したいのかもしれませんが、それではカルチャーセンターはどうなるんでしょう。

カルチャーセンターでは、役者になれなくても演劇論を学ぶ人がいるし、音痴《おんち》の人がうまくなりたくて歌い方を習ったりする。得意なことだけ学べばいいんだったら、カルチャーセンターは成り立たなくなってしまいます。

学校では苦手な科目があっても、単位を取らなくちゃいけません。その縛りがあるから、嫌々でも授業に出る。その結果、見識を広めることができます。

**すべてが自分の肥やしになると思えばいいんです。苦手なことが、得意なことに変わる場合だってあります。**やってみたら意外と面白くて、人生で目指す方向が変わったという人もいます。

食わず嫌いでいるんじゃなくて、チャンスがあるなら食べてみましょう。それでも、「自分の好物はやっぱりこれ！」と思うなら、それでいいんです。それに気づけたことが大きな一歩です。

## 61／会社員なんですが、成長するにはどうすればいいですか？

想像力を磨くことです。

**気は使うものではなく、利《き》かすもの。気を利かせられる人になるんです。**

相手が何を望んでいるかを察するための想像力は、会社での人間関係において欠かせません。それは、どんな会社でも、どんな職種でも同じ。

たとえば、上司が何を考えているかを察すると、自分が次にどう動けばいいのかも明確になる。上司はあなたに対して「気が利くなぁ」と思うし、仕事も円滑に運ぶ。

その積み重ねの結果、出世する。こうしてすべてが円滑に進んでいくんです。

人間関係だけじゃありません。**ビジネスは、想像力がすべてと言ってもいいくら**

**い。**

**気を利かせられる人は、かゆいところに手が届く人。**「こんなものがあったらいいのに！」というニーズに応えるためには、かゆいところを察する想像力が必要です。

気を利かせられる人がビジネスを制するんです。

## 62／部下ができたんですが、うまく扱えません。どうしたらいいですか？

部下はサーカスで芸をする動物ではありません。**うまく扱えなくて当然です。扱えるほうがおかしいんです。**

サーカスで動物を扱うには、調教師による訓練が必要。サーカスを否定するわけではありませんが、芸をする動物は、本能に従った自然の生き方ではないし、調教するのは人間による一種のパワハラとも言えるでしょう。

部下も同じで「扱う」にはパワハラしかない、ということになってしまいます。**人間関係なんですから、「扱う」と思うこと自体が間違いです。**

逆の場合もあります。

上司が言いたいことを部下に言えなくて、ビクビクしてしまうケースです。いまのご時世、こちらのほうが多いのかもしれません。

注意しただけで仕事をボイコットする部下、何かにつけてハラスメントを主張する部下。このような部下との関係に悩む上司もいるでしょう。

こうした場合は、自分に小我が強いから言えないんです。本来、自分が公明正大であれば、部下に対してハッキリと物が言えるはずなんですから。

**どちらの場合にも共通して言えるのは、根底に相手を変えたいという思いがあること。相手を変えようとしてはいけません。自分が変わるんです。**

## 63／この会社に居続けていいのか、独立すべきか。失敗は恐いんですが……それでも勝負すべきですか？

起業で失敗しないために、覚えておいてほしいことがあります。

それは次に挙げる二つ。

1　自分の器を見極める

**人は大きく分けると、人を率いる「群れ長《むおさ》」タイプと、ナンバー2の「参謀」タイプの二つに分けられます。**「参謀」タイプが起業してもうまくいきません。

自分がどちらのタイプなのかは、幼稚園の頃に遡《さかのぼ》って、これまでの人生を振り返ってみればわかるでしょう。

**自分ではわからないという人は、あなたのことを知っている一〇人に、自分自身が「群れ長」タイプなのか、「参謀」タイプなのかを尋ねてみるんです。**

その際、「単純に知りたいんだけど、どっちだと思う？」と、感情を入れずにクールに尋ねる。「悩んでるんだけど……」などと言って、相手が正直に言いづらい雰囲気を作らないようにしましょう。

一〇人に尋ねるまでもなく、三、四人に答えてもらうことで、自分のなかで結論が出ると思います。

2　友達とは起業しない

私が知る限り、友達と一緒に起業する人が少なくありません。けれど、そうした人はたいてい失敗します。

それは相手が問題なのではありません。「友達と一緒に」と思った時点で、起業する前から、すでに失敗するという結果が出ているんです。

**一人で起業する勇気と実力のない人が、誰かと一緒にやったからといって、うまくいくことはまずありません。そこにあるのは依存心です。**もし人を必要とするなら、募集して雇《やと》えばいいんです。

友達と起業すると、うまくいっても揉《も》めるし、うまくいかなくても揉めます。

それでも一緒にやりたいという場合は、序列を決めて、それぞれの責任を明確にしておくこと。「友達だから」という依存心があると、必ず失敗します。

どうですか？　自分には起業は厳しいと思ったかもしれませんし、「自分は『群れ長』タイプじゃないけど、それでもチャレンジしてみたい」と思った人もいるでしょう。

**「参謀」タイプでも、やってみたければ、やってみていいんです。たとえ失敗したとしても経験から得る学びは大きい。成果を得ることがすべてではありません。**

欲を言えば、起業する際に巨額の借金をするなど、最初から大きなリスクを背負わないように。失敗してもすべてを失うことのないようにしてください。

## 64 ／ 新しいビジネスを生み出すには、どうしたらいいですか？

**「ビジネスをしよう」と思って、ビジネスをしないこと。**

難しく考える必要はなく、とてもシンプルなことなんです。

たとえば、私は食いしん坊です。だから、おいしいものを作って提供したいという大我な気持ちになります。

ビジネスだってそうでしょう。

「これがあったら役立つだろうな」、「これができたら、便利になるだろうな」と思う。それを実現させるため、自分が持っている知識や技術を提供する。これは大我です。

誰しも、世の中に貢献したいという思いがあるんです。ビジネスとは、そんな大我な思いから生まれるものじゃないでしょうか。

その対極に位置するのが、「何か一発当てたいんだよね」などと言う人です。小我から出発したビジネスは、それなりの結果しか得られないんです。

ビジネスのためにビジネスをして成功した人を、私は見たことがありません。

## 65／どうすればお金持ちになれますか？

**お金が欲しければ、働けばいいんです。**

働かずにお金を得たいという人がいますが、私はその発想自体が理解できません。

「因果の法則」によって、楽して得たものは必ず失います。

「あぶく銭」という言葉があるように、泡《あわ》のように消えてしまうものなんです。

というのも、誰の人生にもパワーバランスがあるんです。

**パワーバランスを簡単に言うと、プラスがあればマイナスがある。逆も同様で、マイナスがあればプラスがあるということです。**

これはつまり、いいことだけの人生も悪いことだけの人生もないということ。

パワーバランスから考えても、楽して得たお金を失うのは当然なんです。

一方、苦労してお金を得た場合、パワーバランスは均衡《きんこう》を保つことができます。

たとえば、屋台から飲食業をスタートした人が血のにじむような苦労をして、最終的に全国でチェーン店を展開するまで成功を収めたとしましょう。

**この場合は、苦労というマイナスがあるので、結果として得た成功のプラスとバランスが取れるんです。**

**「二人の主人には仕えられない」というイエス・キリストの言葉があります。怠け心とお金、この二つを両立することはできないのです。**

多くの人が宝くじでの一攫千金《いっかくせんきん》を望みますが、実際に高額のお金が労せずして入ってきたら、親戚や知人からお金の無心をされたり、働く意欲を失ったうえに、宝くじで得たお金以上を使ってしまって、身を滅ぼすなんていうのはよく聞く話。

時代が変わっても、どんな文明の利器がもたらされても、因果の法則は変えられないことを胸に刻むべきです。

**また、努力をしようと決意した人も、漠然と「お金持ちになりたい」と思うのではなく、数字で明確に設定すべき。**

100万円あればお金持ちだと思う人もいれば、1億円なければお金持ちじゃないと思う人もいます。お金持ちの定義も人それぞれです。焦点が定まっていなければ、望む場所にはたどり着けません。

**そして最後に一つ忠告をしておくと、お金はあの世には持っていくことができません。持っていくことができるのは、あなたの人生での経験と感動だけです。**

## 66／仕事で大切なことは何ですか？

大切なのは、感謝の心です。

**人間関係が選べない、そんな理不尽なところに身を置くことができるのは、仕事のおかげ。人間性を磨けて、お金ももらえるんです。感謝するしかありません。**

私自身のことでいえば、書籍でも講演会でも、どんな仕事でも求めてくださる人がいてこそだと思っています。その人たちを喜ばせたいという思いが、仕事での私の原動力です。

自分が求められているのかどうか、わかりにくい職種の人もいるでしょう。**けれど、全員が誰かに求められて働いているんです。**

営業職の人ならば、朝起きて「今日は休みたいな」と思っても、自分が担当している取引先の人のことを考えるでしょう。求められているとわかっているからです。サービス業ならお客さんが、看護師なら患者さんが、教師ならば生徒が、あなたのことを求めているんです。

その相手のことを思えば、感謝が自然と湧き上がってくるんじゃないでしょうか。

## 67／結婚はしたほうがいいですか？

人生での学びのバリエーションが多くなるという意味では、結婚も選択肢の一つ。

**恋愛は「感性の学び」、結婚は「忍耐の学び」です。**

結婚とは、労働のようなもので、恋愛とは学びのテーマが異なります。結婚相手は、共に働く同志。夢がないと思うかもしれませんが、結婚指輪の交換は労働をするための「つるはし」の交換です。

**来る日も来る日も汗水たらして働くなかで、大切なのは実りある苦労をすること。そして、同志である相手と向き合うことで、自分を磨いていくんです。**

もちろん、「結婚しない」ことにも学びがあります。一人で生きていくことでしか得られない自由もあれば、孤独を感じることもある。

何かトラブルが起こった場合、夫婦ならば二人で向き合うことでも、一人で対処しなくてはいけないという責任も生じます。

**結婚するのも、独身でいるのも、学びのテーマが違うだけなんです。**

## 68／結婚を決めるとき、親の意見は聞くべきですか？

神父様の説教と思って聞きましょう。

親から結婚を反対されたら、耳を塞《ふさ》ぎたくなるかもしれませんが、ある程度は意見を聞いたほうがいいでしょう。

なぜかというと、一般的に若い人が結婚する場合、反対意見が出るのはよくあることだし、反対する理由に一理ある場合も少なくないから。

ただ、言う通りにしなくちゃいけないという意味ではありません。**親であっても、客観的な一意見、あくまでアドバイスとして聞くんです。**

たとえば、結婚に反対する理由を親から告げられた場合、それを乗り越えられるかどうかは、自分たちが判断すればいいんです。

**自分たちはそれを乗り越えていけると思うなら、親と縁を切ってでも一緒になるべきだと私は思います。**

逆に言えば、結婚するにはそのくらいの覚悟が必要だということです。

## 69／条件重視の結婚はいけませんか？

条件を重視したいのであれば、いいんじゃないでしょうか。

ただし、責任主体でお願いします。

こういう言い方をするのは、**誰と結婚しても、結局は学びだから。**

繰り返しますが、恋愛は「感性の学び」、結婚は「忍耐の学び」なんです。

とはいえ、結婚の相手選びについては大切なこともあります。

**それは「この人となら共に苦労を乗り越えられる」と思えるかどうか。**

キリスト教の結婚式では、神父（牧師）が次のような誓いの言葉を新郎新婦に対して述べます。

病めるときも、健《すこ》やかなるときも、富めるときも、貧しきときも、夫（妻）として愛し、敬い、慈《いつく》しむことを誓いますか？

最良の相手だと思った人が、重い病気になることもあれば、突然亡くなる可能性だってゼロではない。絶対はないんです。

**ですから、いくら条件がいい相手でも、その条件が永遠に続くわけではないこと**

**は、あらかじめ理解しておいたほうがいいでしょう。**

## 70／年の差婚ってダメですか？

**男性が年上の場合、女性が年上の場合、それぞれのリスクをちゃんと理解して、理性的に分析して、それでよしと判断するのであればいいと思います。**

具体的にはこういうことです。

相手の男性が自分の父親くらい年配の場合は、将来的には介護する可能性があります。もしくは、自分よりかなり早く死を迎えることになるかもしれません。

相手の女性が年上の場合は、子どもを持つことについて、結婚前にお互いの意思を確認することも必要です。

**あとは責任主体。そして覚悟です。**

この二つをもとに決断するのであれば、問題ないでしょう。

# 71／過去の過ちについて、パートナーに言うべきですか？

それは、誰の幸せのためですか？

あなたの気が楽になるためにパートナーに伝えるんだったら、それは小我ですよね。

「嘘《うそ》も方便《ほうべん》」というように、相手を傷つけないための嘘は大我な嘘。小我な嘘は罪ですが、大我な嘘は必要なんです。

たとえば、その過《あやま》ちが堕胎の場合、相手に告げる必要はありません。言わないと嘘をついていることになると思うのかもしれませんが、この場合は大我な嘘です。

なぜなら、知ったところで相手はどう思うでしょうか？　相手に言うのは、罪悪感から自分が楽になりたいという思いがあるから。自分のなかでその子を思って、供養の気持ちを忘れなければいいんです。

過去のカウンセリングでは、アダルトビデオに出演したことがあった女性や風俗で働いていた女性などから、「恋人に告げるべきでしょうか？」という相談を受けたこともありました。

こうした場合も同じで、私は「言う必要はありませんよ」と彼女たちにアドバイスしました。アダルトビデオを知人が観て気づいたというなら話は別ですが、わかりようがないことは言う必要はないんです。

**ここで例に挙げたケースに限らず、相手のためという大我な視点に立てば、過去の過ちについて言うべきか、言わずにいるべきなのかは、判断できるのではないでしょうか。**

## 72／結婚を考えていた相手に浮気されました。許すべきですか？

出会いは宿命です。あなたは出会うべくしてその人に出会いました。縁があったことは確かですが、そこから先は、自らがその縁をどう紡《つむ》いでいくかなんです。

**つまり、自分自身でいかようにもできるということ。**

すべては自由です。浮気した相手とそのまま結婚しても、ろくなことにならないかもしれません。同じことを再び繰り返されて、あなたが苦しむことになる可能性もあります。**それでもよければどうぞ。すべては経験と感動ですから。**

「結婚したいほど好きだったのに……」と相手や浮気相手を恨《うら》むのは時間の無駄。大事なのはいまこのときです。

**過去に生きるのではなく、未来を見つめながら、この瞬間を生きましょう。**

## 73／元カレ（カノ）が忘れられません。どうすればいいですか？

好きになった人を忘れたら、それは認知症です。

別れた人は自分の心のなかにある「思い出のアルバム」に保存しましょう。その人との恋愛の学びは終えたのです。ヨリを戻すことを望んだり、「なぜフラれたんだろう」と思い悩んで、別れた相手に執着するのはやめましょう。

**たった一度でも「愛している」とお互いが言い合ったことがあるなら、そのときを瞬間冷凍してとっておけばいいんです。**

そうすることが、相手を恨むことのない、美しい別れ方です。

## 74 ／ 最近モテなくなってきました。いい出会いもないし、どうしたらいいですか？

これはむしろいいことです。

若いときはすべてにおいて、勢いという強い武器があります。けれど、その勢いは年齢とともに徐々に衰えていきます。

モテなくなってきたのは魅力がなくなったわけじゃなく、若いときの体力をずっと保つことができないのと同じようなものなんです。

若いときは男女問わず、若いというだけでチヤホヤされます。**けれど、ある程度の年齢になると、恋愛に限らず、どんな場面においても中身がないと勝負できません。**人としての品格や、人間性が問われるようになるんです。

**モテなくなるのは、自分を知ることができる絶好のチャンス。自分が勝負できるものは何だろうと、見つめ直すことができるんですから。**

## 75／不倫ってダメですか？

**責任主体でお願いします。**

世の中的に、いまは不倫に対してとても厳しい時代。芸能人の不倫が発覚するとメディアはいっせいにバッシングして、とことん追い詰めようとします。

けれど、バッシングの根底には、「自分だけいい思いをしてうらやましい」という嫉妬心もあるように思えるんです。

不倫は果たして幸せでしょうか？

不倫という形で交際せざるを得ない不幸だってあります。なぜなら、不倫には二通りあるからです。

一つは、未来のない不倫。そのときだけの刹那《せつな》的な快楽のためで、未来を考えていない付き合いをしている場合です。

もう一つは、結婚を約束しているなど、未来のある不倫です。離婚の意思を配偶者に伝えていても同意しないことから、離婚がまだ成立していない。こうした場合は、不倫にならざるを得ません。

未来のない不倫がいけないことは言うまでもありませんが、未来のある不倫の場合は現状ではしかたのないこと。

**人間誰でも失敗することはあります。結婚した相手とうまくいかないこともあるでしょう。不倫だからということで、実情を知らない人が一概に批判することはできないんです。**

## 76／夫婦の価値観は、同じであるべきですか？

夫婦は譲《ゆず》り合いです。

離婚の理由に夫婦間での「価値観の不一致」を挙げる人も少なくありません。夫婦で価値観が同じであれば、確かにお互いが楽でしょう。

とはいえ、「価値観」と一言で言ってもさまざま。人生で何を大切にするかの価値観、仕事に対する価値観、お金に対する価値観、食に対する価値観――。生活にまつわることすべてに対して価値観があるともいえます。

**こうした価値観が、誰かとすべて合致することは不可能。結婚生活では、お互いが異なる価値観をすり合わせて、妥協点を見出し、歩み寄ることも必要です。**

恋愛中、相手の価値観に影響されて、自分の価値観も変わったという経験をしたことのある人は多いんじゃないでしょうか。

たとえば、交際相手によってベジタリアンになったり、お肉が大好きな肉タリアンになったり。**一種のブームみたいなものですが、相手の好みに合わせることで、自分が幸せならばいいのです。**

価値観の違いはあっても、波長が合ったから一緒になったんだ、と覚えておきましょう。

## 77／夫婦のお財布（生活費）はどうしたらいいですか？

人それぞれですから絶対ではありませんが、私は、夫婦の財布は別にしておくべきだと思います。夫婦だからといって曖昧《あいまい》にするのは、トラブルのもと。別々にしておけば、いかなるときも揉めません。

**幸せに生きるためには、生活の基盤にかかわることのルールを決めておくのが大事。**それに、財布を別々にすることで、お互いに依存することなく、刺激のある生活を送ることができます。

共働きの場合は、家賃も食費もすべて折半《せっぱん》するのが理想的。もし、どちらかがパートであるなど、収入に差がある場合には、それぞれの収入における生活費の比率を同じにすればいいでしょう。

専業主婦の場合、「収入がないのにどうすればいいの?」と疑問に思うかもしれませんが、結婚は労働ですから、ビジネスと同じようにとらえていいんです。

**まず最初に、夫と話し合って、専業主婦としての自分の賃金を必ず決めること。そうすれば、家事の分担で揉めることもありません。**夫が「誰に食わせてもらってるんだ」と妻に不満を抱くこともないんです。

主婦は家事労働だけではありません。日常の雑用も毎日のことだから、大変な労力です。夫の私設秘書でもあるわけだから、「あなたのお給料の半分は私の権利です」と主張してもいいんです。

そうすれば、役所に行くことでもゴミ出しでも「いいですよ、私がやりますから」と気持ちよく言えるはずです。

## 78／賃貸と持ち家、どちらのほうがいいんですか？

周りを見ていても、いまの若い人たちは賃貸を選ぶのが多数派だと思います。

**というのも、何か行動する際、常にリスクを考えることが習慣になっているから。もちろん、それは悪いことではありません。利口《りこう》なんです。**

車の運転をしたがらない若い人が増えているのも、リスクを考えるからでしょう。

車を持てば維持費はかかるし、運転すれば事故を起こす可能性もゼロじゃない。都会であれば、移動手段は電車やバスがありますから、生活のインフラでもないわけで、無理して手に入れる必要もありません。

さまざまなリスクを考えたうえで、持たない選択をするのは、むしろ「分《ぶん》を知っている」とも言えます。

こうしたことからも、おそらく多くの人が賃貸のほうが安心できるんでしょう。

**ただし、住居に関しては「これから先の人生」という視点で考えたほうが賢明。ワンルームマンションで充分ですから、若い女性にも不動産を購入することを私はお勧めします。**

「将来、結婚したらワンルームでは手狭になるのになぜ？」と思うかもしれませんが、結婚したら人に貸せばいいんです。そうすれば、専業主婦になっても家賃収入が得られます。

そして、あなたの収入として確保しておくため、夫にはなるべく内緒にすることです。もし離婚することになっても、あらかじめ住むところを確保しているのとしていないのとでは、まったく違います。**家があるという安心感は大きいんです。**

ただし、購入するマンションの立地は大事。大学が近くにあるなど、ワンルームの借り手がいる、人気のエリアを選ぶことです。

何より安心なのは、老後、そのマンションに住めるということ。そこで死ねるということです。**目先のライフステージに合わせたマンションを買うのではなく、その先の先まで見越しておくことは、リスクヘッジしていることでもあるんです。**

## 79／夜の営みが、正直わずらわしくなってきました。パートナーは望んでいるんですが、どうしたらいいですか？

まず、フィジカルな面から答えましょう。

若い頃はホルモンの分泌が盛んですが、だからといってみんなが同じではありません。人によって体力が異なるように、性欲が強い人もいれば、弱い人もいます。**それはいわば、車種によって車のエンジンの大きさが異なるようなもの。アメ車タイプの人もいれば、燃費のいい軽自動車タイプの人もいます。**

自覚して、上手に扱いましょう。そして、お互いの譲り合いです。

次にスピリチュアリズムの視点で答えれば、セックスはオーラの交換です。

触れ合うことでお互いのオーラを交換し、オーラが交わることでより深く理解し合えるようになります。

**つまり、大事なのはスキンシップ。手をつなぐことでも、オーラの交換は可能です。セックスだけにこだわらなくてもいいのです。**

## 80／子どもは、持つべきなんでしょうか？

子育てはボランティアであり、学びです。

私がこう伝えると、「子どもがいないとボランティアはできないんですか？」、「じゃあ私たちは子育てという学びに挑んでないんでしょうか？」などと尋ねる人がいます。

**子どもを育てることで、確かにたましいは大きく成長します。でも、もっと柔軟に考えていいんです。**

ボランティアとは、どういうことか？

盲導犬にたとえるとわかりやすいでしょう。

盲導犬は仔犬のとき、一般家庭がボランティアで預かって、人間の愛情をたっぷり注いで、いいこと、ダメなことなど、ルールを教えます。この期間は1年くらいで、その後は盲導犬として活躍するために送り出します。

**人間も同じなんです。12歳くらいまで、親の愛情をたくさん注いで、世の中のルールを教えた後、社会に送り出す。これが、「子どもを育てる＝ボランティア」ということ**（子育てに関しては、『江原啓之のスピリチュアル子育て　あなたは「子どもに選ばれて」親になりました』〔三笠書房〕に詳しく著しているので、参考にしてみてください）。

子どもを持たなくても、配偶者が子どものような存在だったりするケースもあります。「うちは子どもがいないんです」と言う人に、「いやいや、いらっしゃいますよ。旦那さんという息子さんが……」といった具合です。

その人にとっては結婚での学びに加えて、旦那さんを通じて子育てと同じような学びを得ているわけです。他にも経営者や上司など、部下を持つ人はみんな、子育て同様の学びに挑んでいます。

**子育てでの学びは何でしょう？　そう、「ままならない」ことです。**幼い人を一人前の社会人に育てるためには、「ままならない」ことをたくさん経験します。**たましいを磨くためには、人生での経験のバリエーションは豊富なほうがベターですが、一つの経験にこだわりすぎる必要はありません。**視野を広げてみれば、形は違っても同じような学びが、違う経験から得られるんです。

## 81 ／ 自分は子どもが欲しくないけど、パートナーは欲しいみたい。どうしたらいいですか？

誰かと一緒に食事するときは何を食べたいか相談して、お店を決めますよね。てっとり早く近くにあるお店に入ってから、「何食べる？　中華にする？　それともお寿司がいいかな？」などと言い始める人はいません。

**子どもを持つか、持たないかについては、結婚する前に話し合っておくべきでしょう。**勢いで結婚した後、自分は子どもが欲しくないのに、相手が欲しいと知るのは、お寿司屋さんに入ってから、「本当は中華が食べたいんだけど……」と言われるようなもの。お店に入る前に、まず食べたいものを言ってほしいと思いませんか？

**それには、あなたも相手に尋ねなければいけないんです。**

**結婚には結婚の学びがあり、親には親の学びがあります。どの学びに挑むのか、選ぶのはその人次第。つまり、相手の意思を尊重する必要もあります。**

意思を確認しないで結婚した場合は、きちんと話し合いをして、相手の考えを聞き、自分の希望を伝えること。そこからスタートしましょう。

## 82／検査でパートナーが子どものできない体だとわかりました。自分は子どもが欲しいのですが、どうしたらいいですか？

**思うようにならないのが人生です。**

お互いが納得できればいいのですが、どうしても子どもが欲しいという場合もあるでしょう。

先ほど言ったように、まずは結婚前に子どもを持つか、持たないかについて話し合っておくこと。

**その結果、どちらかが子どもを持つことを強く望む場合、男性も女性も、それぞれ事前に検査しておくのがいいと、私は思います。**

女性の場合、妊娠や出産に備えて婦人科器官などを検査する、ブライダル・チェックというものがあります。女性はこのブライダル・チェックを受ける。そして、男性も不妊検査を受けておくんです。

**いざ子どもを作ろうとなったときに不妊だとわかるより、先に覚悟ができているほうが、心持ちも違うし、より具体的に対処の方法をイメージできます。**

ビジネスの世界では、よく「喧嘩は先にしろ」と言いますよね。

これは、実際に喧嘩するという意味ではなく、お互いの条件を先にすり合わせておくということ。気になることは最初にクリアにしておいたほうが、その後スムーズに進むものなんです。

では、どちらかが不妊だとわかった場合、不妊治療にはどう臨《のぞ》めばいいのか。多くの人が悩むのは、いつやめればいいのかということです。

過去のカウンセリングでは、この相談をたくさん受けました。なぜなら、ほとんどの人が「次はできるかもしれない」と、まるでギャンブルのようにやめられなくなってしまうから。

**私はそうした相談者には「あなたが好きなときにおやめなさい」と伝えていました。成果主義になってはいけないんです。**

**そして、覚えておいてほしいのは、子育てはボランティアだということ。**

ボランティアで「このボランティアじゃなきゃ嫌だ！」と言うのはおかしいでしょう？　子育て以外にも、ボランティアはたくさんあります。

それでも子育てのボランティアをしたいという結論にいたったなら、どんな道を選ぶかを考えればいいんです。

世の中には、親を必要としている子どもがたくさんいます。養子を迎えることだってできるんです。**「子どもは親を選んで生まれてくるのでは？」と思うかもしれませんね。でも、養子に迎えた子も、たましいの縁があって出会います。**

親子であってもたましいは別。たましいの視点で考えれば、お腹を痛めて産むことだけにこだわる必要はないんです。いまの日本においては、法律的な問題もあり、養子縁組はなかなか難しいですが、お子さんを迎えて、一生懸命子育てしている人もいます。今後さらに増えてほしいと切に願います。

どうしても自分の血を分けた子どもが欲しいと思うならば、離婚という選択肢もあります。

**いずれにしても、お互いが納得のいくまで話し合うことです。**

## 83 ／ ママ友との付き合いが苦痛です。でも、付き合いを避けて子どもがいじめられるのは嫌だし、どうしたらいいですか？

**ママ友はビジネスです。**

なぜママ友と付き合っているのでしょうか？　自分のためではなく、子どものためですよね。にもかかわらず、ママ友との関係で悶々《もんもん》としてしまうのは、本末転倒だと思いませんか？

**ママ友を本当の友達だと思っているからいけないんです。ママ友と付き合うのはお務め。仕事だと割り切って付き合えばいいんです。**

会社の会議を「嫌いな人がいるから」という理由で欠席する人はいないでしょう。仕事をすることが目的なんだから、私情は持ち込みませんよね。

ママ友ではなく、ママ同僚だと思ってみてください。

**ママ友に限らず、人との付き合いは腹六分だと心得ましょう。**すべてをさらけ出す必要はありません。あなたが凛《りん》とした態度で他のママや他人と付き合うことは、子どもの自立心を養うためにもいいことなんです。

とはいえ、腹六分の付き合いでも、同僚だと思ってみても、うまくいかないこともあるでしょう。子どもが仲間はずれにされることだってあるかもしれません。

たとえば、「自分の子どもだけがお誕生日会に呼ばれなかった」というような場合。「お母さんが断っちゃったの」などと、不安にさせないために、子どもには嘘をつけばいいんです。

**こうした嘘は「嘘も方便」で、大我な嘘。**「子どものため」と思えばできるはずです。

## 84／子どもの育て方に悩んでいます。どうしたらいいですか？

繰り返しますが、子育ては12歳くらいまで。**親が子どもに対してできることは、社会のルールを教えること。つまり、しつけです。**12歳を過ぎると自我が芽生えますから、それまでにきっちり教えることが必要なんです。これはとても重要なこと。それ以外には、親は何もできません。

**そして、もう一つ。子どもの考え方を変えようとする親がいますが、無理だと思ってください。**あなたのたましいが持つ個性が変えられないように、子どもの個性も変えることはできません。

子育てはあっという間に終わります。**ルールを教えた後は、親は銀行だと思いましょう。子どもが大学や専門学校へ行きたいと言えば、融資《ゆうし》するかしないかを検討する。**融資した後、そこから先は子ども自身の人生です。**事務的だと思うかもしれませんが、そのくらいクールな気持ちでいることがお互い**

**のため。**親は思い入れがあるから期待をするし、子どもは期待に応えなくちゃいけないと思うからプレッシャーを感じるものなんです。

「あなたのためを思って、こんなにしてあげてるのに」と子どもに言いたくなるかもしれませんが、そもそも子育てはボランティア。**ボランティアしている人が、「してあげてるのに」と言うのは、おかしいんです。**

## 85／わが子をかわいいと思えません。親として失格でしょうか？

親子でも対人関係に変わりはありません。相性があるんです。

だから、失格ではありませんし、素直にそう思うことだってあるでしょう。

むしろ「かわいい」と思えないのが普通なのかもしれません。

**ここで私がみなさんに伝えたいのは、「かわいい」と思うことと、「愛」は別のものだ、ということ。**

この「愛」とは、いわば「人間愛」のことです。**子どもを「かわいい」と思えなく**

**ても、他の人へ注ぐ「愛」と同じ「愛」があればいいんです。**

一方、「かわいい」は感情です。その思いに溺れている場合もあるし、反対に支配欲があるから「かわいい」と思う場合もある。

別の見方をすれば「かわいい」と思えないのは、あなたが理性的に子どもを見ていて支配欲がないから、ととらえることもできます。

そうはいっても、支配欲を取り除いて、一人の人間としてわが子に接することは、難しいと思うかもしれません。**ですから、私は子どもに対して「○○さん」と敬称で呼ぶことをお勧めしています。**幼い子に対してもそう呼んでみてください。尊重する気持ちが自然と備わってくるはずです。

## 86／友達も恋人もいません。寂しいです。どうしたらいいですか？

私にしてみれば、「お腹が空いたんですが、どうしたらいいですか？」と尋ねられたようなもの。答えは「食べてください」以外にありません。

人間関係もこの空腹と同じ話だと思うのですが、人間関係だからこそ躊躇《ちゅうちょ》するんでしょう。

もしかすると、友達や恋人は作ったら面倒くさいことが想像できるから、踏み出せないのかもしれません。相手に合わせないといけないし、揉めるのも避けたい。

でも、一人でいるとそうした悩みとは無縁です。だから、これまでその自由さを楽しんでいたんじゃないですか？

「それでも、いまになって寂しくなったんです」という方もいるかもしれませんね。

**その場合は、お腹が空いたら食べるしかないのと同じで、友達も恋人も作ってみればいいんです。**

何事も実際に経験してみなくてはわからないことがあります。もし、作ってみて「一人のほうがいいな」と思ったら、それも一つの学び。両方経験してみたからこそ、わかることです。

**ここまで読んで、「やっぱり作らなくてもいいや」と思う人は、本当は寂しくないんです。「寂しいかもしれない」と「寂しい」は違います。**

自分の感情としっかり向き合ってみましょう。

## 87 ／ 人生を変えたいと思ったら、どうすればいいですか？

変えればいいんです。

勇気を出して、その一歩を踏み出してください。

**「変えたいけれど、具体的にはどうしたらいいのかわからない」という人は、まず目的地を定めること。**

行き先のわからないバスに乗る人がいないように、人生も目的地を明確にしなければ、そこに向かうことはできません。そして目的地を定めたら、行動に移すんです。

就職したいなら、就職先を探す。

転職したいならば、転職すればいい。

恋愛したいならば、出会いを求めて外に出てみるんです。

もし、人生を停滞させている悩みがあるなら、その悩みを解消するためにはどうすればいいのかを探ってみましょう。

「人間関係で悩んでいて、解決する方法が見当たらない」という人は、あなたの貴重な時間を使って悩むほど大切な相手なのか、考えてみるんです。

**たましいは永遠ですが、この世での人生には限りがあります。**相手のために自分のいのちを削《けず》っていると思えば、悩むこと自体がバカらしくなるんじゃないでしょうか。

## 88／性格は変えられますか？

性格は変えられません。
霊性は変えられます。

**性格は個性。どんな性格でも、それが「悪い」わけではありません。**

いろんな野菜があるように、いろんな性格の人がいます。

ダイコンは一見地味ですが、おでんには欠かせない存在です。ふろふきダイコンは甘いタレとのハーモニーが絶妙だし、ダイコンのしゃきしゃきサラダは居酒屋の鉄板メニュー。

ダイコンの素材そのものは変えようがありませんが、料理法によっていくらでもおいしくできる。味を変えることはできるんです。

それはニンジンでもジャガイモでも同じ。この野菜がよくて、この野菜は悪いということはありません。料理して、よいニンジン、よいジャガイモになればいい。よいあなたになればいいんです。

**要は、素材をどう生かすか。**

**霊性を変えるとは、あなたという素材をよりよく生かすことなのです。**

マザー・テレサが言ったとされている言葉です。

**思考に気をつけなさい、それはいつか言葉になるから。**
**言葉に気をつけなさい、それはいつか行動になるから。**
**行動に気をつけなさい、それはいつか習慣になるから。**
**習慣に気をつけなさい、それはいつか性格になるから。**
**性格に気をつけなさい、それはいつか運命になるから。**

## 89／整形するのはダメですか？

**美容整形すること自体がいけないのではなく、「整形したい」という気持ちに執着することがいけないんです。**逆に言えば、整形しなくてもその気持ちに執着しているのはよくありません。

ですから、整形することによって執着を手放し、満足できるのであれば、施術のリスクを充分納得したうえで、すればいいと思います。

「整形したい」という執着を手放せないでいると、一度では満足できずに整形を繰り返す整形依存症になる可能性もあります。**そうした人が必要としているのは、実は整形ではなく心のケアなんです。**

このような依存は自分では気づきにくい面があり、治すことも簡単ではありません。これからの時代、美容外科には精神科の医師がいることが理想的ではないでしょうか。

# ９０／人との会話が苦痛です。どうしたらいいですか？

会話が苦手な人は、自分がたくさん話さなくてはいけないと思い込んでいるんでしょう。

**でも、話し上手は、聞き上手。口数が少なくても、いい聞き役になればいいんです。まずは聞き役に徹してみましょう。**

**いい聞き役になるコツは、相手の話し方のリズムや調子に合わせること。**これは、相手の「気」に合わせることでもあります。

相手が速いスピードで話す人ならば「そうなんだ！　なるほど！」とテンポよく、相手がゆっくり話す人なら「へぇ～、そうなんだね。なるほどねぇ～」といった具合です。

そして、相手の気持ちに寄り添って、会話を楽しもうと思ってください。

## 91／人からの言葉に傷つかないようにするには、どうしたらいいですか？

どんな経験もあなたのたましいを磨く、磨き砂のようなもの。

**「傷つく」ということへのとらえ方を変えてみましょう。**

「傷つく」ではなく「磨かれる」のです。

美しい石は、原石に傷をつけて磨くことで輝きます。あなたのたましいも同じです。**あなたはその人の言葉で「傷ついた」と思うかもしれませんが、たましいは磨かれて、少しでも輝きを得たんです。**そう思えば、相手に対して「磨いてくれてありがとうございます」と感謝の念すら湧いてくるのではないでしょうか？

聖フランチェスコは自らのことを「小さき花」と言いました。

**それは「小さき者」という意味で、自分はたいしたことないと思っている謙虚な者ほど強い者はないんです。**

人からバカと言われて腹が立つのは、「自分はバカじゃない」と思っているから。「そう、バカだよね〜」と思っていたら、笑えるんです。そんな強い人になりたいと思いませんか？

## 92／絶望するほどの体験をしました。どうしたらいいでしょうか……？

「国破《やぶ》れて山河あり」――。国家は滅亡してしまったけれど、山や河は昔のままである、という意味の言葉です。

国家が滅亡しても変わることなくそこにある、山と河の美しさに改めて気づくように、**絶望するほどの体験をしたからこそ人の優しさに気づくことがあります。それを知ることができるのは幸いなことです。**

その一方で、絶望のなかにいて、人の残酷《ざんこく》な面を見ることもあるでしょう。**けれど、たとえあなたのもとを去っていく人がいたとしても、「そういう人だったんだ」と早く気づくことができたんですから、それも幸いなことなんです。**

そして私は、絶望を感じている人にこう言いたいのです。

**「あなたがした体験に間違いはありません。人生において間違いはないのです」と。**

もし事業がうまくいかず、自らの過ちで借金を背負ったら、頑張って返せばいい。借金をしたことで迷惑をかけた人が、恩返しをする前に亡くなったとしたら、間に合わなかったことを悔やむでしょうけれど、あの世では会えるんですから、そのときにお礼を伝えればいいんです。

私は、過去のカウンセリングにおいて、自らの過失が原因で交通事故を起こし、被害者を死亡させてしまった人の相談を受けたことがありました。

その人は罪を償《つぐな》った後も、罪悪感に苛《さいな》まれて立ち直れないでいました。私は「あなたの気持ちはよくわかりますが、申し訳ないと思うならば、亡くなった方の分も精一杯生きてください」とお伝えしました。

**絶望することで、何かが解決するわけではありません。**人生において、取り返しのつかない間違いをしてしまったと思っても、あなたの人生を歩み続けるためには、前を向くことが大事です。

# 93 ／ うつになりました。どうすればいいでしょうか？

医師の診断を仰ぎ、症状によっては、カウンセリングを受けるなど、専門家の力を借りるのが必要であることは言うまでもありません。

**そして私がお伝えしたいのは、当たり前のように聞こえるかもしれませんが、フィジカルな面、つまり肉体をおろそかにしてはいけないということです。**

人間はフィジカルな面とスピリチュアルな面、この両方の健康が大事です。

この世での肉体は乗り物、運転手はたましいです。車にメンテナンスが必要なように、肉体にもメンテナンスが必要。肉体が疲れると、たましいが引きずられてしまいがちになります。

**そうならないためには、規則正しい生活を送ること。基本的なことですが、心が疲れたと思ったら、たっぷり睡眠をとることです。**

睡眠はたましいのふるさとへの里帰り。体を休めるだけでなく、スピリチュアルなエネルギーを補給しているんです。

もちろん、運転手のケアも大事です。

まじめな人がうつになりやすいと言われますが、まじめは悪いことじゃありません。ただし、「まじめ」の意味するところを考えておかなくてはいけません。

私の言う「まじめ」とは、「八つの法則」に沿って生きること。しかし、多くの人にとっての「まじめ」は、自らの考えこそがよいと思い込み、そこに固執することになっています。これでは柔軟性がなくなって、自分を追い込んでしまうことにもなるのです。

生きていれば、うまくいかないことだってあるし、1＋1が2じゃないこともあります。うまくいかないときは、自分を責めるのではなく、自らが固執してきた正しさを手放して「八つの法則」を支えにしながら、もう少しゆるみを持って、自分の弱さを受けとめることも大切です。

また、傲慢《ごうまん》な人がうつになる場合もあります。

過去のカウンセリングでは、出世競争に敗れてうつになってしまった人もいました。そうした人に共通しているのが「同僚に出世の先を越された」、「自分はこれだけやったのに」などと、不平不満を並べ立てること。加えて、自分のことが見えていないということでした。

周囲から「使いづらい」と思われていることに気づいてない。**なぜなら、自分が人より優れているという傲慢な思いが根底にあるからです。**

「自分のあり方は、間違っていたのかもしれない」という視点を持つことが、必要な場合もあるでしょう。

**そして、子どもがうつになった場合には、家庭の果たす役割が大きいです。**

いまの時代、何事に対してもデリケートな世の中になりました。だからこそ、経験豊かな大人が、愛情を持って「人生にはうまくいかないこともあるんだよ」と気持ちを軽くしてあげる。こうしたアドバイスで、うつに悩む子が少し楽になることもあるでしょう。

私は東京の下町生まれですから、歯に衣着せぬもの言いの大人たちに囲まれて育ちました。悩みをこぼしていると、よく大人たちから「そんなこと言ってないでご飯食べなさい！」などと言われたもんです。

**周りの人との何気ないコミュニケーションや会話に救われることは多いのです。**

## 94／ニートの生き方って、ダメですか？

**外に出ること！**

**親も子どもを外に出すことを考えなくてはいけません。**

子どもがニートでいられるのは、親の庇護《ひご》があるからです。

ただ、親の庇護は、状況によって見え方が異なります。

女性の場合は家事手伝いとも言いますが、男性の場合はそうは言わない。

女性が学校を卒業した後、社会に出ることなく、そのまま嫁ぐことが良家の娘だとする「箱入り娘」の考え方もあります。

いろんなケースがあるわけです。

とはいえ、親と子どもがお互いに依存し合っている共依存の場合は、やはり考えないといけません。

「うちの子ってダメなのよ」と言いながら、子どもがニートでいることを無意識的には望んでいる。「この子には自分がいないと……」と思えることが張り合いになっている。そういう親も少なくないんです。**子どもだけではなく、親も考えを改めなくてはいけません。**

**親はいずれ亡くなります。親の庇護のもとで、いつまでも子どもは生きていけません。そうなったときのことを、お互いに想定しておかなくてはならないのです。**

## ９５／非正規雇用なんですが、正社員を目指さないとダメでしょうか？

**「正社員がいい、非正規雇用はよくない」なんてことはありません。**

**それぞれにリスクがあるのは当然ですが、自分が納得できればいいんです。**

非正規雇用で働いている人のなかには、帰属意識がない人もいます。それが悪いわけではありません。会社に所属しないことで、自分のフィールドが広がるともいえます。と同時に、自分自身が雇用主にとってどれだけメリットのある人材なのか、社員以上にシビアに考えないといけない一面もある。

**他人がどう思うかは関係ありません。**

**ただ、責任は自分にあるだけのこと。責任主体なんです。**

いまは人間力の時代。終身雇用の時代は終わりに近づいているんです。

**形に振り回されるのではなく、どんな状況でも生き抜ける力があるか。**

自分に問いかけましょう。

## 96／どうしてお金が貯まらないんでしょうか？

**お金が貯まらないのは、目的が定まっていないから。**

**人生に計画性がないからです。**

部屋が散らかっている人は、心のなかも整理できていません。

つまり、お金にもあなたの心が表われているんです。

目的がなかったら、お金を貯めることはできません。「旅行したい」と思ったら、その軍資金のためにお金を貯めます。それと同じで、計画性を持って自分の人生を見つめれば、お金を貯める目的が見えてくるはず。**「何にも考えてなかったのに、気がついたらお金が貯まってた！」なんてことはないんです。**

そして、これも重要なポイント。**あなた自身に愛が足りていないと、お金は貯まりません。**人は寂しさから、ついお金を使ってしまうもの。愛の電池が足りなくなって、誤作動を起こしてしまうんです。

会社帰りにお店に入って、店員さんと話している間に、気が大きくなって、つい購入してしまう。「なんだか、つまんないなぁ」とインターネットに時間を費やしていたら、それほど欲しくもないのに、ポチッとボタンを押してしまう。

少額でも回数を重ねれば、それなりの金額になります。**こうして使うお金は「死に金」。自分のために使う無駄なお金が、「死に金」です。**

一方、「生き金」というものもあります。それは、誰かのために使うお金のこと。お祝いごとやお見舞い、寄付、家族を養うことなどです。自分のために使ったお金は返ってきませんが、他者のために使ったお金は必ず返ってきます。**お金を使ううえでは、この「生き金」と「死に金」、つまり「大我」と「小我」のバランスが重要なのです。**

お金のことを水と同じだと思ってみてください。

溜めてある水は澱《よど》んできます。お金もただ貯めるだけでは澱みます。清流と同じで、お金も澱ませずに清らかに流すことが大事なんです。

**ただ、流しすぎでは涸《か》れますから、流れてくる量を見ながら美しく流すことがポイント。目的を定めること、「生き金」と「死に金」を考えて流すことで、お金は貯まります。**

## 97／実家暮らしはダメですか？

ダメじゃありません。

若い人のなかには、経済面の効率を重視して、親元にいようと思う人が少なくありませんが、それが悪いわけではありません。
**生きるうえでは、何かを選ぶ際にどちらが効率的かと計算する賢さが必要です。**

とはいえ、実家暮らしなら家にお金は入れましょう。
昔は働いて収入を得ているなら、いくらか家にお金を入れたものでした。結局その
お金は、子どものために親が貯金していたりしたわけですが。
いまの時代は、お金を入れるという発想自体ない人も多いんじゃないでしょうか？

**この状況は、それをよしとする親の側に問題があるともいえます。**
**実家暮らしに限らず、過保護な親は悪魔のようなものです。**
楽なことと厳しいことを天秤《てんびん》にかけた場合、目の前に楽があったら、当然そちらを
選ぶでしょう。それが人の性《さが》です。
このことに親が気づく必要があるんじゃないでしょうか。

# 98／親の面倒は、みないといけませんか？

あなたにミルクを与えて、おしめを替えて、お風呂に入れてくれたのは誰でしょう？　**恩は返すものですよね。それが介護だと私は思います。**

赤ちゃんと違って大人をお風呂に入れるのは大変ですが、それはしてもらったことに対して少し利子《りし》がついたようなものです。

ただ、介護と一言で言っても、その内容は人それぞれです。介護してもらう側だけでなく、介護する側の状況も異なりますから、一概には言えません。**親のために自分を犠牲にするのではなく、自分ができる範囲でいいんです。**

施設に入ってプロに任せたほうがいい場合もあるでしょうし、自分の家族、子育てや仕事を第一に考えていいんです。

**私が介護についてよくお話ししていることの一つが、親が物質的価値観で子どもを持とうとしてはいけないということです。**

子どもを持つ理由について「老後が心配だから」と言う人がいますが、この言葉は「自分のための介護要員を産んでおこう」と言っていることと同じ意味です。

**子どもは親の介護要員ではありません。**

このことも忘れないでほしいと思います。

## 99／人生を楽しむには、どうしたらいいですか？

**人生を修学旅行だと考えてみるんです。**

たとえば、京都へ行ったとしましょう。

新京極《しんきょうごく》ではスリに遭うかもしれないとドキドキしたり、清水寺《きよみずでら》の近くで他校の不良学生に絡まれないか、怯えながら歩くこともあるでしょう。修学旅行に親は同行しませんから、恐いと思っても頼りになるのは自分自身です。

そして、どのお土産を買うのか迷っても、いちいち親に相談はできません。

でも、最初は恐い思いをしたり、迷ったりしますが、その都度達成感を得て、後になればすべていい思い出になる。

名所だって自分の目で見ることで、「金閣寺は本当にこんなに金色なんだ！」と感じたり、「銀閣寺って銀色じゃないの⁉」と頭ではなく実際に驚いたりできるわけです。**物質的に何かを得たわけではありませんが、実際に体験することで得られる感動です。それで「あ〜、楽しかった！」となるわけです。**

こうした経験は宿に閉じこもっていたら、得ることができません。人生もこれと同じこと。みなさんのたましいは、せっかくの修学旅行なんだから、できるだけ多くの名所を見て、いろいろな体験をしたいと思っています。

たましいは何度も再生を繰り返しますが、いまのあなたという役柄は一回限りです。**宿命を持ちながらも、自分次第でどんなふうにでもできる運命で思う存分生きる。これが人生を楽しむということです。**

## 100／これからの人生が不安です。何を頼りにしたらいいですか？

**いまは嘘の時代。フェイクの時代です。**

フェイクニュースに仮想通貨、インスタグラムは「いいね！」をもらうために作り込んだフェイクの世界です。

政治家は自分の都合を並べ立てるし、大人の言うことも嘘。若い人にとって、何を信じていいのかわからない時代です。


こんな世の中に生きていたら、ムカつくこともあるし、理不尽に感じることも多いでしょう。「何のために生きているのか」と思うことだってあると思います。

私も同じでした。若い頃、あなたと同じ思いを抱いて生きていたんです。

若くして両親を亡くした私は、真面目に生きた両親が、なぜ早くにこの世を去らなければならないのかと、理不尽さを覚えました。なんて不公平な世の中なんだ、と。

周囲の大人には「真面目に生きていれば、いいことがあるから」と言われました。

でも、毎日学校に行って、自分で家事もしながら、一人暮らしをしていた私は、「いや、真面目に生きてるんだけど！」と、憤《いきどお》りを感じたものです。


そこで、苦しんだ末に本当の生き方を突き詰めた結果が、スピリチュアリズムでした。霊的真理を学んだ私は、これしかないと思いました。

**たましいの世界はすべてが平等。公明正大な世界。**

**人はたましいの存在であるという霊的真理だけが、すべてのいのちのルールです。**

霊的哲学であるスピリチュアリズムに基づいて生きれば、人生で起きることの法則がわかります。

だから何一つ恐いものはない。本当の意味で幸せになれたんです。

こんな時代だからこそ、たましいの視点に立って生きることが求められています。

あなたも自らの人生の意味に気づいて、霊的哲学をしっかり理解して、自分のものにしてほしい。

何も恐れることがない幸せをつかんでください。

# 第2章

# 江原さん!
# こんなしんどい世の中で
# 生きていくには
# どうしたらいいですか?

ある日、私は一人の若者と出会いました。
いまどきのルックスで丁寧《ていねい》な物腰の彼とは、そのとき挨拶《あいさつ》を交わしただけ。
再び会うことがなくてもおかしくないくらい、さりげない出会いでした。
それから数カ月が経ち、突然彼が私のもとを訪れました。そして応対した
私に、彼はこう投げかけてきました。
「正直、毎日楽しくなくてしんどいです。どうすれば、エネルギッシュに生
きられるんですか？　教えていただきたいんです」――と。
私は受けて立ちました。

# ①「しんどい」のはなぜなのか？

## 「嫌なら会社辞めれば」と言われても……

**若者**　いま、なぜだか生きてることに喜びが感じられないんです。毎日楽しくなくてしんどいし。ゆるやかな絶望というか、虚無《きょむ》感というか。どうしたらもっとエネルギッシュに生きられるんですか？

**江原**　「毎日しんどい」って、普段何をしているんですか？

**若者**　会社員です。仕事が終わらず、なんだかんだ遅くまで働いています。会社員だからしかたないと思うんですけど、どんどん消耗《しょうもう》していってる感じなんです。

**江原**　自分で希望して入った会社ですよね？

**若者**　中途採用で入りました。ただ、最近はしんどい思いをして働く意味ってなんだろう？　このままでいいのかな？　って。

上司はもっと仕事を抱えて遅くまで働いているんで、すごいなぁ……と思いますけど、自分はそこまではできないとも思っちゃいます。

会社員として、あと40年も生きていくことが想像できないっていうか。終身雇用なんて崩壊してるし、給料もたいして上がらないのに、自分を犠牲にして働くのはどうなんだろう、頑張って働く意味って何なのかなって。

**江原** そんなに会社員が嫌なら、辞めればいいんじゃないですか？

**若者** そんなことできたらいいですけど……。会社員辞めてバイトや契約で働くのは収入的にキツいですよ。縛《しば》られるのは苦手なんで、会社員が向いてるのかは疑問なんですけど。でも、一度転職もしてますし。

**江原** 食えなくてもいいからフリーランスで勝負、とは思わなかったの？

**若者** 親の脛《すね》はかじれないし、付き合ってる人もいるんで、稼がなきゃいけないなと。

**江原** 人生惑《まど》ってても、恋愛はするんだ？

**若者** いけませんか？

**江原** 結婚は考えてるの？

**若者** はい。一緒に住んでますけど。

**江原**　あなた、いま何歳？

**若者**　25です。

## やりがいが感じられない仕事
## ――何のために毎日働いているのか

**江原**　親の脛をかじらずに彼女と生活できてるなら、希望は叶《かな》ってるじゃない。会社員の何がそんなに不満？

**若者**　確かに希望は叶ってるかもしれません。働かせてもらっていることに対して、感謝もありますよ。でも、なんかしんどいんです。

**江原**　へぇー、好きな彼女がいたら仕事頑張れると思うけど？

**若者**　彼女のことは好きですけど……。

**江原**　好きだけど、仕事が頑張れるほどじゃないってこと？　聞き捨てならない言葉だね。

**若者**　いや、そういう意味じゃないですって！　むしろ遅くまで仕事をしていると、プライベートな時間があまり持てないんです。満足な生活を得るために働いてるはずが、働くうちに生活面の満足度は下がってることに気づいて。「何のために働いてるんだろう？」って思うようになったんです。

**江原**　そもそも、どうしていまの仕事してるの？

**若者**　興味があったからです。ただ、いまは本当にこの仕事に情熱があるのか疑問もあって。正直、仕事の能力だって自信ないですし。自己肯定感が低いんでしょうけど。

それに何より、やりがいが感じられないんです。やりがいがあれば、しんどくても頑張れると思うんですけど。この仕事をしてて、感動がないなと思って。

**江原**　社会人になって数年のうちは、そういう疑問があるのは普通でしょ。

**仕事でのやりがいや感動なんて、インスタントに得られるものじゃないからね。与えられるものでもない。仕事を通じていろんな経験積んで、苦労して、それではじめて感動を得られるの。**

「これはみんなが喜んでくれるんじゃないか」と思って、その商品やサービスを世に出す。それにお客さんの反応があって、「あ、ちゃんと届いた」と嬉しく思う。そうやって繰り返していくなかで、より仕事への意欲も上がっていくんでしょ？

そういう経験なくして、やりがいや感動を感じていたら、それはただの自己満足で妄想《もうそう》だよ（笑）。

POINT !
**仕事のやりがいは、インスタントに得られるものではない。経験を積み重ねるなかで実感していくもの。**

**若者**　興味があるはずの仕事なのに、やりがいが感じられないのは、情熱やモチベーションが足りないからだと思ってたんですけど。

**江原**　情熱を抱くのはいいことだけど、情熱だけで仕事なんてできないよ。実際には毎日こなすべきことがあって、結果を求められるわけだから。

**いまの若い人は、自分のやりがいとか好きなことを大事にするけど、そもそも論として、仕事って何のためにするのかっていったら、いたって明快。生活の糧《かて》を得るためだから。そこをはき違えてる！**

本来、好き嫌いどうこうの前に、お給料のために仕事をしている。そのことを忘れちゃいけないの。

仕事に対する課題を「情熱がないから」、「モチベーションが湧かないんです」なんて言って、すり替えてちゃいけませんよ。

POINT !

## なぜ仕事をするのか、それはお金のため。

## 転職したのに、なぜ不満があるのか

**江原**　そんなにグダグダ言うのは会社に不満があるの？　さっき一度転職したこともあるって言ってたけど？

**若者**　不満じゃないですけど、転職前といまとで違いを感じることはありますよ。

転職前は小さい会社だったんで、誰かに助けてもらえるとかなかったんです。ワンマン経営者がいて大変だったけど、自分がなんとかしなきゃいけなかった分、自分なりに自由にもがいて当時のほうがパワフルだったのかも、と思ったり……。

**江原**　組織立った会社では、自分が駒になるのは当たり前だからね。それは、パワーバランスなの。いい面があれば、悪い面もある。仕事だけじゃなくて、パワーバランスはすべてのことに働くんです。

**昔から小さい会社より大企業のほうがいいって風潮があったり、最近は嫌になるとすぐ転職しがちだけど、どっちを選んでも、必ずいい面と悪い面があるんだよ。**

POINT
！

## 何かを得れば、何かを失う。人生はパワーバランス。

**若者**　いい面と悪い面っていうと？

**江原**　だってあなたは、いまは前より大きい会社の恩恵《おんけい》に与《あずか》りながらも、窮屈《きゅうくつ》さを感じているんでしょう。でも、前の会社にいた頃は、それはそれで理不尽さを感じてた。何かを得れば、何かを失うんです。結局、ないものねだりしてるだけじゃない。

**若者**　普通じゃないですか？　猛烈な理不尽さがあったから転職したんで。

**江原**　**あのねぇ、それじゃただのわがままなの！　仕事で理不尽なことがあるのは、当たり前なんだから。**

会社員じゃなくて、フリーランスで仕事をしたら、理不尽はなくなると思う？　さっきも言ったけど、嫌なら会社を辞めるしかないんだよ。それでフリーランスになってみたらいい。**でも、会社の看板を背負わずに自分で仕事をとってくるのは大変なん**

**だよ。あなたに、その覚悟があるとは思えないけどね。**

POINT

**!**

**なぜ、その仕事に不満があるのか、**
**そこに、いまのあなたの課題がある。**

## 何のために出世するのか

**若者**　フリーランスで、とは現状思ってないです。自信ないし、この仕事が一生続けたい仕事なのか確信もないし。今後どうしたいのかも、正直わからないんですよ。

**江原**　いまの会社で、出世したいとは思ってないの？

**若者**　いい商品やサービスを作りたいとは思いますけど、出世はあまり考えてないです。人を蹴落としてまでとは思わないし、ガツガツしたいタイプじゃないんで。

**江原**　**きれいごとだねぇ。出世＝勝ち抜くために人とゴリゴリ戦ういやらしいことだって思ってない？**　もちろん誰かと争うことにはなるかもしれないけどね。でも、それはあくまで出世するまでのプロセスだから。「いい人」でいようとしてるのが、一番たちが悪いんだよ。**出世は自由にできる範囲が広がることだったり、お金を多く得られることでしょう？　出世したら、何が手に入るのか、ちゃんと考えてないね。**

**若者**　出世のメリットはわかってますよ。それに別に「いい人」でいようだなんて思ってないんですけど！

**江原**　私から見れば、充分「いい人仮面」だけどね。「人を蹴落としてまで……」って言ってたじゃない。

さっきから、ごちゃごちゃ言ってるけど、ある程度の規模がある会社で、裁量を持って自由を行使したかったら、結果残して出世するしかないんだよ。

この先彼女と結婚したら、家族のためにお金がかかる。子どもが大きくなったら教育費もかかる。会社員としてお金をさらに得るためには、出世しなくちゃいけないと思わない？

**若者**　それは想像できますけど。でも出世して楽しいんですかね？　なんか虚《むな》しく感じちゃうんですよ。自分の人生をかけて目指すことが会社のなかでの出世なのかなって。先が見えてる人生って気がしちゃうんですよ。

**江原**　何ふざけたことを言ってんだか。安定を求めるから会社員になったんでしょう？　**安定してるから、先が見えるんじゃない。**　そんなこと言ってても、いまのご時世、あなただっていつリストラ対象になるかわからないんだよ。**あなたの望みは、安定したいのか、それとも冒険したいのか、わけがわかんないね。**

POINT ！

## 出世は汚いものではありません。「いい人仮面」は、さっさとやめなさい。

## この理不尽な思いはどうすればいいのか

**江原**　あなたはね、カッコつけてるけど、人とガチで争うのが恐いだけなんだよ！　負けたらカッコ悪いし、傷つくから。だから「出世は別に……」とか言って、逃げ道作ってるだけ。能力に自信がないとか言ってたけど、本気で仕事してるのか疑問だね。

**若者**　随分《ずいぶん》な言いようですね。別にやる気がないわけじゃないし、サボってもないですよ！　ただ、理不尽だなと思うんです！

僕らの世代は、低賃金のままで労働はいっぱい。若い世代は多かれ少なかれ、仕事や会社に閉塞《へいそく》感を抱いてると思いますけど！

**江原**　そんなこと、重々承知してますよ。**でも、厳しい状況でも、求められるものは何かを模索しながら、みんな頑張ってるんです。**どんな仕事だって好景気のときもあれば、不況のときもある。**文句を並べ立てるだけじゃなくて、そんななかで、自分はどう生きるべきかを考えるの！**「僕らの世代は」って他の世代と比べてるけどね、人と比べることなんて意味ないの。人と比べる人は、この世で最も不幸な人なんだよ。

POINT

**！　この世で最も不幸な人は、自分と人を比べる人。**

**若者**　そうは言ったって、物心ついたときから、景気が悪い、景気が悪いっていうのしか見てないんで、頑張れば明るい未来があるなんて、思えないんですよ！

**江原**　そこで投げやりになる必要はないんだよ。あのね、私たちは生まれてくる時代も自分で選んでこの世に生を受けるんですよ。あなたがこの時代に生まれたのは、あなた自身の学びのためのカリキュラムなの。

**若者**　その論理に則《のっと》ったとして、自分で選んだんだから、不平を言うなと？

**江原**　不満を抱くのもわかるよ。閉塞感のある時代だからね。ただ、どんな時代だってみんな苦労してる。昭和は戦争があって、食べることもままならない時代があった。高度成長期もあったけど、その弊害《へいがい》だってあったんだから。

**あなたは「食べられる」ありがたみ、本当には知らないんですよ。あなたは、そこそこ食べることができて、なのに「俺って惨《みじ》め」って思ってる青いお兄さんなんだよ。**

**若者**　はあー!?　青いお兄さんー？

POINT

**！ こんな時代に生まれたのも、あなた自身の学びのため。**

## このまま生きると将来どうなるのか

**江原**　あなたの場合、霊視しなくても、この後どんな人生になりそうかわかりますよ。結婚していい夫をやる。子どもができて育児も協力して、家事を手伝いながら、ちゃんとパパをやる。一方で会社は理不尽だとか言って、悶々《もんもん》としながら過ごす。

そんな日々のなかで「自分は何のために生きてるんだろう？」と疑問を抱く。そして、ふらっと現われた好きでもない女性と勢いで不倫しちゃう。それが奥さんにバレて「あなた、どうしたいの？　どうやって生きていきたいの？」って追及されるんだけど、答えることができない。そんな40代サラリーマン。

**若者**　そんな勝手なこと言われて、納得できません！　何を根拠に言うんですか！

**江原**　**それはね、あなたの話が「自己憐憫《れんびん》」、「責任転嫁」、「依存心」に満ちているからだよ。義務を果たしてないのに、自由を主張して、甘えてるだけ。**

そういう人の行く末はこうなりますよって伝えただけなんだけどね。

POINT

！

**「自己憐憫」、「責任転嫁」、「依存心」。**
**不幸になる人は、必ずこの三つを行なっている。**

**若者**　僕が「自己憐憫」してますか？

**江原**　**ぶつぶつ言いながら、会社員をやってるじゃない。「親の脛はかじれない、付き合ってる人がいるから」って言って。「我慢してるのに」、「頑張ってるのにとか思ってるでしょ？**

**若者**　自分なりに頑張ってますが、自分のことをかわいそうだなんて思ってないんですけど！

**江原**　**あのね、世の中の人みんなが頑張ってるんですよ。あなただけじゃないの。**あなたも頑張っていまの会社に入ったんでしょう。それは努力した結果ですよ。だったら、いまの会社で思い切りやってみればいいじゃない。**それなのに、なぜ「会社が」とか「時代が」って「責任転嫁」するの？**

**若者**　じゃあ聞きますけど、自分をとりまく状況に満足して働いている人なんているんですか？

**江原**　いないでしょうね。

**若者**　でも、僕だけがおかしくて甘えていると？

**江原**　**あなたの話からは、いまの状況を自力でなんとかしようって気持ちが見えないからね。**堂々巡《めぐ》りのことばっか言ってるじゃない。多くの人が自分の状況にそれなりに不満はあるだろうし、簡単には状況を変えられない。でも、そんななかでも試行錯誤してると思うけどね。

**若者**　少なくとも「依存心」はないつもりなんですけど。

**江原**　**会社に依存しているじゃないですか！　何度も言うけど、会社が嫌なら辞めればいいの。**でもね、辞めたところで、いまのあなたのままじゃうまくいかない。転職しても、そこでまた理不尽さを抱く。

今後の自分の人生を知りたかったら、占いなんかしなくたって簡単に知ることはできるんですよ。自分がいま何を思って、どう行動してるかで決まるんだから。

あなたは将来フリーランスになったとしても、いまみたいなお客さん気分だったならば、厳しいね。厳しいどころか、無理なんじゃないかな。

POINT

**自分がいま何を思って、どう行動しているか。それがあなたの今後の人生を決める。**

## なぜ、人生はしんどいのか

**若者**　江原さんは僕の生き方が「自己憐憫」、「責任転嫁」、「依存心」に満ちてるって言いたいんですか？

**江原**　いまはそうだろうね。もちろん、あなただけじゃないよ。ケースが違うだけで、多くの人がそう。そこに身を置きたければ、ずっと人生さまよってればいい。

そもそも「しんどい」ばっかり言うけど、この世をなんだと思ってるの？

**若者**　さあ……。天国だとは思ってませんけど。

**江原**　**はっきり言っておくけど、この世は地獄です。私たちは生まれたときから地獄に落ちてるんです。天国じゃなくて地獄なんだから、しんどくて当たり前。**

**若者**　地獄!?

**江原**　「この世にまともな人なんていない」って言う人がいるけど、当たり前なの。**みんなまともじゃないから、勉強するためにこの世に来てるんです。**

POINT

**!**

**人生は、楽しても放棄しても、来世でやり直し。やり直しが嫌なら、「地獄」から這い上がりなさい。**

**若者**　この世は地獄で、人生はしんどくて当たり前なんだから、楽しいことなんて求めてちゃいけないってことですか？

**江原**　もちろん楽しいことはあっていいんです。**たましいの成長のために必要なの**

**は、人生での経験と感動。感動は「喜・怒・哀・楽」とイコールなの。**経験がないと、人を楽しませたり、哀《かな》しみに共感したりできない。無駄なことは何もなくて、すべて必要。**でも、みんなね、この世がもっときれいな世界だと思い込んでるんだよね。その認識を改めないと、いつまでも同じことで惑って悩み続けるだけ。**

**若者**　事実だとしても、あまりにも希望がないんじゃないですか？

**江原**　いままでこういう言い方はしてこなかったけどね。**でも、事実を知ることは大事なんだよ。「この世は地獄」と認めてからじゃないと、何もはじまらないから。**

POINT

**たましいを成長させるのは、経験と感動。感動とは「喜・怒・哀・楽」すべてです。**

## ② 自分の人生は親のせい？

### 高学歴で一流企業に勤めていれば、幸せなのか

**江原** じゃあ少し角度を変えて話しますか。あなたは、どんなふうに育てられたの？

**若者** 両親が教育熱心だったんで、受験勉強をして、いい学校を目指して……と。

**江原** 反抗したことはなかった？

**若者** よく「勉強しろ」って怒られましたけど。でも、親も将来を心配して言ってくれてるわけだし、自分でもある程度の学校に合格しないとヤバイなと思ってたんで。

**江原** 学校は偏差値とかブランドで選んでたの？

**若者** 偏差値が低い学校よりかは、名のある学校のほうがいいとは思ってましたけど。

**江原** ふーん。わかりやすいというか、典型的だね。

**若者** え、何がですか？　僕がですか？

**江原**　**「物質的な豊かさこそが幸せ」っていう物質的価値観に縛られてるから。学歴偏重の価値観を親に植えつけられて、世間体ばっかりで、自分の価値観を持ってないんだもの。**勉強といったら試験の点をとるためだけで、志望校も親の意見に従って、何かを自分で選択したことがないじゃない。

**若者**　そんなこと言ったって、親の意見を無視するなんて、普通できなくないですか？

**江原**　**あなたは考えなしに、人から与えられた価値観を採用してるでしょ？**　転ばぬ先の杖《つえ》を与えちゃう親も問題だし、親世代も高度成長期の物質主義・学歴偏重の価値観に従っているだけの「主体性欠如世代」なんだけどね。

**若者**　主体性欠如って、いくら江原さんでも、人の親に対して失礼じゃないですか！

**江原**　勘違いしてる親子も多いから言っておかないといけない！　いまの20～30代くらいの子を持つ親は「主体性欠如世代」なの。そして、あなたたちは「無垢《むく》世代」。

**若者**　無垢世代？　無垢なら、純粋だからいいじゃないですか。

**江原**　わかってないね。**純粋だから、「この世も社会も人もすべて理不尽！」って嘆《なげ》いてばっかりなの。世の中に対して「ずるい！」とかすぐ文句言うんですよ。**

POINT

## 「親の価値観」で、生きるのはやめなさい。「理不尽」を叫ぶ人は、自分で試行錯誤していない人。

**若者**　実際、理不尽じゃないですか。結局、世の中って学歴や会社名で扱いも変わりますよね。その後で頑張っても取り返しがつかないから、親も子どもが困らないように学歴をつけさせようとする。それのどこが「主体性欠如」で「無垢」なんですか！

**江原**　**その価値観にただ縛られてるから、「人生は理不尽だ！」って苦しくなるの。**

**若者**　でもこの世は物質界だから、生きてくためには、しかたないじゃないですか！

**江原**　視野が狭いね。**物質がすべてだと考えることは、生きてる間しか価値がないってことになる。でも本当は違うの！　私たちは「たましいの存在」で死して死なない。**

私たちは物質界でしか学べないことがあるから、この世に生まれてくるんであって、学校だって会社だって、あの世にはない「成長のための道具」にすぎないの。

**問題なのは、多くの人が物質的価値観に比重を置きすぎってこと。**高学歴で一流企業勤めなら、みんな心が満たされてる？　あなたいま彼女がいなくても、地位があれば幸せ？

**若者**　いや、それは……。そうとは言い切れませんけど。

POINT ！
**この世は物質界。**
**だから、たましいが鍛えられる。**

## いまの自分は「過保護な親」のせいなのか

**江原**　だったら、物質的価値観だけがすべてじゃないって、あなたも本心では思ってるんじゃない。親や世間から植えつけられた価値観に縛られてるだけですよ。
　あのね、親ってあくまで役割なの。親子関係を情で考えるから、親を神聖化しちゃって「親の言うことだし」って思うんですよ。

**若者**　でも、「親」って存在にはそれなりの重みがあるじゃないですか。それを「役割にすぎない」と言われても、そう簡単には受け入れられないと思うんですけど。

**江原**　まだぐじぐじ言ってるからはっきり言うけど、**親に役割以上の期待をしてはいけないの！**　親として、この世に生まれてくる人はいないでしょ？　一人の人間として生まれてくるんだから、親も完璧じゃないの。人として、親が間違ってると思えば、否定していい。よく子どもが「親なのに！」って言うけど、被害者意識で憤《いきどお》ってたらダメなんです。**そこには「親ならこうして当たり前」っていう甘えが潜《ひそ》んでいるから。**

POINT

**！ 親はこの世という舞台で、「あなたの親」役をしてるだけ。期待も甘えもいけません。**

**若者** じゃあ親に反抗しろとでも？

**江原** そんなこと言ってませんよ。産んでくれたこと、育ててくれたことには感謝するの。**たとえどんな親であっても、子どもはそのことに感謝しなきゃいけない。**産み育ててくれただけで御の字なんだから。私が言いたいのは、親子でも人間対人間の「対人関係」だということ。**親子はクールな関係であるべきなんです。**

**若者** クールな親子関係だと、親は寂しがるんじゃないですかね。

**江原** その点は親も悪い！　私は常々言ってるんだけど、子育てはボランティア。**子どもが12歳になるまでに、何がよくて何が悪いか、世の中のルールを教えて社会**

**に送り出す。それが親の役目。過保護は、子どもの自信も可能性の芽も摘《つ》んじゃうの。**

親が先回りして、すべてやってくれる。そんな楽なことを目の前に出されたら、子どもはそれを取るに決まってるじゃない。それって悪魔みたいなものですよ。しかも、社会に出たら、誰もが世間の荒波に揉《も》まれる。そのとき、親がいちいち助けるの？

POINT

## ! 親子関係は、クールに。過保護な親は、子どもにとって悪魔。

**若者**　でも、過保護だって、親の愛なんじゃないですか？　それを悪魔だなんて！

**江原**　過保護は小我《しょうが》な愛だからね。**一番厄介《やっかい》なのは、過保護であることを親自身が「自分は正しい」、「自分は善だ」、「自分は子どもを愛している」って思い込んでいること。**

子どもには手をかけすぎちゃいけない。放牧するんだよ。それが子どものためでもあるの。そして子どもは自立と、自分を律する「自律《じりつ》」を覚えていかないと。

**若者**　親の過保護な先回りのせいで、子どもは自分の頭でしっかり考える機会を奪われた、と。じゃあ、いま僕が思うように生きられないのは、親のせいってことですかね。僕が人生に惑ってるのは親のせいだと。

**江原**　ほら、また出た！　自己憐憫と責任転嫁。**自分は可哀想という自己憐憫があって、親に責任転嫁してる。親に甘えていたのは自分じゃない。**自己肯定感が低いのも親のせいだと思ったんでしょう？　私たち全員、未熟な自分を成長させるために、時代や国、性別、家族を選んで、この世に生まれてくるの。子どもが親を選ぶんですよ。

POINT

**!　親は、過保護な自分に酔わない。子どもは、「自立」と「自律」をすること。**

**若者**　それは厳しすぎますよ！　どんなに理不尽な親であっても、その責任は自分に問えと？

**江原**　そうですよ。**あなたが自《みず》ら《か》の意志で選んだ。そして親も、あなたを育てることで、「子育ては思い通りにはいかない」という学びを得て、たましいを磨いた。**家族は学校。親とあなたは同じ学校で、それぞれに学んでいる生徒なの。クラスメイトなんです。

もちろん、子どもに過保護にする親はよくないよ。それは親自身も気づかないと。

**でも、子どもとしては、そんな過保護な親に甘えてる自分がいたことに気づかないといけないんです。**あなたは楽なほうを選んでたわけだから。

にもかかわらず、責任を丸投げして親のせいにするのは責任転嫁でしょ？　自己肯定感が低いのは、あなた自身がそうしたからでしょ？　**すべてが責任主体なんですよ。**

**若者**　……んぐぐ。

POINT

**人生は責任主体。家族は「たましいの学校」。**
**親と子は、たましいを磨き合うクラスメイト。**

## 自信を持てないのはなぜか

**江原**　さっきから、自信がない、自己肯定感が低いって言うけど、失敗や挫折《ざせつ》の経験があるの？

**若者**　受験で第一志望に落ちたり、就活がうまくいかなかったり……ありましたよ。

**江原**　それは本当に失敗？　現に最終的には、大学受験で大学に入って、いま会社員として働いてるじゃない。もっと大変な人なんてごまんといるよ。

あなたは、たいした失敗もしてないのに自己肯定感が低くて、イキがってる割に弱いよね。どうして自信を持てないいんだと思う？

**若者**　受験や就活に失敗して、世間一般でのエリートコースにはいないし、周りと比べて出来がいいわけでもない。成功体験がなきゃ自己卑下《ひげ》するしかないんです！

**江原**　失敗したら自己卑下しないといけないの？　違うよ、理由は簡単だよ。**自信を持てないのは、自分自身を差別してるから。自己卑下するのも自分への差別なんだよ。**

POINT

**!**

**人を差別する者は、自分を差別する。**
**自分を差別する者は、人を差別する。**

**若者**　差別してる覚えはないいんですけど。じゃあ仮に江原さんの言う通りに自分を差別してるとして、どうすれば自分を差別しなくなるっていうんですか？

**江原**　**そんなの、自分を正しく評価することですよ。**

あなたの長所は何ですか？　人より長《た》けていることは何？　履歴書に書くような表向きの長所じゃなくて、本心から思う長所だよ。

**若者**　自分の長所……。急に言われても、そんなこと思いつかないですよ。

**江原**　**長所がすぐ出てこないっていうのが、自分を差別してるってことなんだよ！**　だから自信を持てないの！

感情を入れずに自分という素材を見つめて、長所が出てこないと。短所も同じですよ。**自分の長所と短所をきちんと認識して分析していないと、真の意味での自信は持てませんから。**

POINT

**!**

**自己卑下の沼に逃げるのは簡単。**
**「自分はダメな奴なんです」で保険をかけるな。**

## ③ 仕事、お金——厳しい現実をどう乗り越えればいいのか

### 仕事の悩みはスピリチュアリズムで解決できるのか

**若者** もう自分の甘さは認めますよ。じゃあ僕は、どうすればいいって言うんですか？

**江原** 責任主体なんだから、生き抜くしかないね。

**若者** いましんどいのに頑張るしかないって、答えになってなくないですか？ 僕みたいな人の悩みは、スピリチュアリズムじゃどうにかならないってことですか？

**江原** あのねぇ、**スピリチュアリズムは魔法じゃないの。物質界であるこの世を幸せに生きるための地図。**大切なのは、なぜこんなことが起こるのか、こんな思いをするのか、人生で起こるすべての意味を知ることなんだよ。**意味がわかれば、どう向き合えばいいのかがわかるんです。そして責任主体で、自らの運命を切り拓《ひら》くんです。**

POINT

!

**スピリチュアリズムは魔法ではありません。人生の意味を理解したら、自力で進むのです。**

**若者**　じゃあ、改めて聞きますけど、仕事って何なんですか？　食べるために働かなきゃいけないことはわかってます。でも働くことにいったいどんな意味があるのか、教えてくださいよ。

**江原**　**この世は、たましいを鍛《きた》えるためのトレーニングジム。いろんなマシーンがあって、そのなかの一つが仕事なんです。**

**若者**　理屈ではわかりますけど、じゃあ仕事での毎日のこのしんどい思いって必要なんですか？

**江原**　筋肉を鍛えると筋肉痛があるように、たましいにも筋肉痛があるんだよ。せっかくマシーンで鍛えてるのに、筋肉痛がなかったら、おかしいと思わない？　**仕事でしんどいと思うのは、たましいが鍛えられている証拠なの。**しんどい理由がわかったら、受けとめ方が変わってくるでしょう？

POINT

！

## 仕事＝トレーニングマシーン。しんどいと思うのは、たましいの筋肉痛です。

**若者**　確かに受けとめ方は変わるかもしれないけど、しんどさ自体は変わらないですよね。そもそも、もし家が金持ちだったら、働かなくてもいいじゃないですか。金持ちだったら、しんどい思いはしなくて済む。金持ちはたましいの筋肉痛ないんですか？

**江原**　**もし働かずに、家の財産で暮らせたとしても、また違う学びがあるんだよ。**家族がお金のことで揉めたり、お金目当ての人が近寄ってきたり、お金があるがゆえの苦労や悩み、しんどさだってある。

**若者**　違う学びなんて言われても。その人になってみないとわかりませんよ。

**江原**　**でしょう？　わかってるじゃない。隣の芝は青く見えるんだよ。**働かないで暮らすことが、あなたの思う幸せな人生なわけ？

**若者**　いや、そういうわけじゃないですけど。

**江原**　そもそも、そんなタラレバ話したところで、あなたは働かないと食べていけないんだから、駄々《だだ》っ子みたいなこと言っててもしかたがない。働くしかないいんですよ。

POINT

**誰しもそれぞれの課題を持って生まれてくる。隣の芝ではなくて、自分の芝を見ること。**

## どうすれば、仕事がしんどくなくなるのか

**若者**　わかりましたよ。でも、仕事でのしんどさを軽くすることはできないんですか？

**江原**　**仕事がしんどいのはね、仕事に操《あやつ》られてるからだよ。仕事はトレーニングマシーンだって言ったでしょ。そう理解できれば、仕事を上手に操ることができるの。**

**若者**　ただでさえキツいと思ってるのに、操るなんてできませんよ！

**江原**　道具なんだから、できる。簡単に言うとね、仕事に対してもっとクールに向き合うんですよ。

仕事には「天職《てんしょく》」と「適職《てきしょく》」があるの。「天職」はたましいが喜ぶこと。「適職」は生きる糧を得るためにすること。

世の中の多くの人が「適職」に就《つ》いてるの。「この仕事は適職なんだ」とわかったうえで仕事をすることが大事。**「適職」に生きがいを望むから、しんどくなる面もある。**そして、仕事は生きるための手段で、目的じゃない。仕事を人生の主にしちゃいけないいんです。

POINT

**! 仕事に操られてはいけません。あなたが仕事を操るのです。**

**若者** 僕は仕事を主にしてる仕事人間じゃありませんよ。仕事より遊んでたいですし。

**江原** でもね、**いまの生活で「仕事」以外が主になってたら、そんなに仕事のことで悩まないよ。**悩む前に、さっさと転職すると思うけどね。もっと割り切らないと。

あなたは切り替え下手なんだよ。時間の使い方ももっと大事に考えないと。仕事のできる人は切り替え上手なの。休むときは思いっきり休むんですよ。

**あなたの場合は、「仕事がキツい、もっと休みたい、遊びたい」って言いながら、その気持ちをプライベートでも引きずってるんですよ。仕事に飲み込まれてるだけ。**

それじゃあアイディアも浮かばないし、いい仕事は生まれないよ。

**若者** そう言われたって、時間かけて真面目に仕事してただけなんですけど！

**江原** ただダラダラやっててもダメだよ。時間をうまく使うことは、目的を持って、そこに焦点を定めて過ごすことでしょ？　仕事なら仕事、休むなら休む、楽しむなら楽しむ。焦点を定めることは、生き方にも必要なんです。

POINT ！ **しんどくない人は切り替え上手。休むときはとことん休み、楽しむときは思いきり楽しむ。**

## 給料への不満はどうすればいいのか

**若者** 時間の使い方はわかりましたけど、じゃあお金の悩みはどうしたらいいって言うんですか？

食べるために働かなきゃいけないのはわかってますよ。でも、お金を稼ぐために自分のいる場所も、それこそ何十年分の日々の時間の使い方も縛られてること自体が、しんどいんです！

**江原**　何当たり前のことを言ってるの？　自分だって「親の脛をかじるわけにはいかない」って言ったじゃない。

いい加減、覚悟を決めなよ。**お給料は労働への対価で我慢料！　しんどいことに対する我慢料でもあるの。**

**そして「あぁ、このお金があってありがたい。頑張った甲斐があった」と思えるかどうか。**それは、その人の心のあり方次第ですよ。

POINT

**！　お給料は労働への対価で、しんどいことへの我慢料。**

**若者**　いや、もちろん、給料がもらえるのはありがたいですよ。でも、正直安いし、このままだと将来不安なんですよ。

大学時代の同期は、僕よりはるかにいい給料もらって、結婚して子どももいたり、家まで買った奴もいるし。

**江原**　本当にお金がもっと欲しいんだったら、若いんだから副業したらいいんだよ。定時で上がってその後でもいいし、週末にやってもいいんだし。

それにお給料を額面だけで考えてない？　**会社からもらってるのは、お金だけじゃないんだよ。**会社員として安定した生活を営めること、この会社で働いているんだというプライド、福利厚生、交通費もそう。会社員の特権もお給料に含まれてるの。**それと自分の会社への貢献度を比較してみてから、はじめて「安い」って言えるんだから。経営者の視点で考えてごらんなさいよ。**

POINT !

**お給料に不満があるときは、自分の働きをお金に換算すること。**

## 「お金がない」問題はどうすればいいのか

**若者**　すべてを加味して、給料の額が正当なのかどうかを考えろと。確かに真っ当な意見だとは思いますけどね。

でも、そうは言っても目先のお金は大事じゃないですか。給料は多いほうがいいに決まってますよ。彼女との結婚も、お金のことを考えると踏み切れないと思うときもあるし。転職したら、なおさらどうなるのかわからないし。ぶっちゃけ貧乏な生活は送りたくないんです！　惨めな生活は送りたくないんですよ！

**江原**　あなたが言うところの貧乏な生活がどんな生活かわからないけど、健康だったら、何をやっても暮らしていけるんだよ。

**でも、あなたを含む多くの人が、最初から理想の生活を追い求めて「これじゃ貧乏生活だ」とか、勝手に悲壮感を抱いてるの。**

たとえば、母子家庭で一家四人が生きていかないといけない家族がいたとするよ。子どもが大きくなって、働き手が四人になったら、一人の収入が20万円あれば80万円になる。豊かになるまで我慢して同じアパートに住んでいれば、月に一度、すき焼きくらいは食べられるでしょう？

最初から、ある程度の収入と生活レベルを望むから、すごく高いハードルのように思うんだよ。**たいして貧乏したこともないのに、みんなお金に対する恐怖心が強いんだよね。**

**若者**　お金はある程度ないと、生きていくのは不安じゃないですか。どうせ江原さんは、お金にこだわる僕がいやらしいとでも言いたいんでしょ？

**江原**　そう思っているのはあなた自身でしょう！　**お金は大切だし、もちろん必要。私は決して、お金を軽んじていいなんて思ってませんよ。**

日本人には清貧《せいひん》の精神があるから、お金の話をすることが下品だと思っている人もいるけどね。そうじゃなくて、お金について、もっときちんと考えなきゃいけないんです。

お金はいいものでも悪いものでもない。物質です。**そしてお金も仕事と同じで、たましいを鍛えるための道具の一つ。**トレーニングマシーンなんですよ。

POINT

**！　お金に振り回されてはいけません。扱い方を学ぶことも、人生での大切な課題です。**

**若者**　鍛えるマシーンなんだから、お金がないことを恐れるなと？

**江原**　**お金がないことへの恐れが悪いんじゃない。ただ、お金に振り回されてはいけないの。**だって、そもそも日常生活でかかるのは衣食住ぐらいでしょ。そんなにお金を使う？

**若者**　でも贅沢《ぜいたく》しなくても、やっぱり都会だとある程度の家賃はかかりますから。

**江原**　そうかなぁ。本当に安くあげたいんだったら、事故物件に住めばいいんですよ。生活が苦しいのに「霊が恐いから」なんて言える人は、まだ余裕があるんだよ。
　そもそもね、取り憑《つ》く霊が悪いんじゃなくて、取り憑かれる側に問題があるの。これも、類は友を呼ぶ「波長の法則」なんですよ。

**若者**　取り憑かれる側が悪いって言われても。もし霊が出たら、どうするんですか？

**江原**　「甘えるな！　こっちは生きていくのに必死なんだよ。米くらい持ってこい!!」って大声で説教する。真剣に困ってたら言えるよ。気迫が大事なの。除霊だけじゃないよ。**生きるうえでも気迫がないと、ボヤ〜ッとした人生になっちゃうんだよ。**

POINT

**!　人生で大事なのは気迫。霊が恐いなんて言えるうちは、まだ甘えと余裕がある証拠。**

# ④ 教えてください。これからどうやって生きればいいんですか？

## 生きる気力を取り戻すことはできるのか

**若者**　僕が自分の価値観で生きていないことはわかりましたよ。仕事もお金も、たましいを鍛えるトレーニングマシーンって考えてみようかとも思いました。でも、人生全般はどうすればいいんですか？　ゆるい絶望感とか諦《あきら》めが拭《ぬぐ》えない限り、気力なんて湧かないですよ。どうやって生きる気力を湧かせればいいのか教えてくださいよ。

**江原**　違うよ。あなたは、生きることへの気力がないんじゃない。むしろ生きることに対して、すごく積極的なんだよ。だって、どうしてもがいてんの？　諦め切ってたら、悩んだり、私に憤ってきたりして、もがかないでしょ？　**もがくことで本当は「生きたい！」って言ってるんだよ。あなたのたましいは「俺、生き抜きたい！」って。**

POINT

## ! 悩みが尽きないのは、たましいが「生き抜きたい！」と叫んでいるから。

**若者** いや、自分に「生きたい！」という熱量はないと思うんですけど。

**江原** じゃあ、どうしていま、仕事に会社に人生にしんどさを感じているんだと思う？人生をどうでもいいと思ってたら、何もしんどくないでしょ？「人生このままでいいのか？」じゃなくて、「何で生まれてきちゃったんだろう？」って思うだけだよ。

**若者** 「何で生まれてきちゃったんだろう？」って投げやりになることもありますよ。

**江原** でも、投げやりな気分になっても、実際に死のうとはしないよね？　どうして？

**若者** 死にたくないからです。

**江原** その通り！　生きたいからじゃない！

**若者** あっ……。

**江原** 「死にたくないから」って言葉が気に入らないけどね。「生きたいからです」ってどうして言えない？　**ネガティブな言霊《ことたま》になるのは、甘えがあるから。だから、そんなひねくれた言い方になる。誰も助けてはくれませんよ。自分は自分で助けるの。**

POINT

!

**あなたを助けることができるのは、あなただけです。**

## 失敗を恐れなくなる方法はあるのか

**若者**　そう言いますけど、霊視しなくても将来が見えるとか、この世は地獄とか……。結局混乱してきてどう生きていいのか、わかんなくなってますよ、いまの僕は。

**江原**　違うよ、私との会話が原因じゃない。だってあなたは、そもそも人生を徘徊《はいかい》してるだけなんだから。**たましいは「生きたい」のに、どうやって生きていいのかわからない。自分の人生を歩んでいるんじゃなくて、うろうろしてるだけ。**

**若者**　徘徊してるだけって、どういうことなんですか？　具体的に言ってくださいよ。

**江原**　**ゆとりを持って生きたいと言いながら、プライドは保ってかっこよく生きたい。これがあなたですよ。**矛盾《むじゅん》を抱えてるから、どこに向かって歩けばいいのかわからなくなって、人生を徘徊してるんです。結婚も考えてるから、なおさら迷路にはまってる。

**やりたいことをやって充実感を味わいたいなら、目指せばいい。ただ、苦労はついて回る。その苦労があってもそっちを選びたいのか、理不尽でも安定しているいまのほうがいいのか。**安定を選んで会社員でやっていくことを決めたら、つべこべ言わずに、お金のためにも出世を目指して頑張るんですよ。目的地を定めなければ、前には進めないと思わない？

**若者**　まぁ、それは……。痛いところをつかれたというか、僕のなかの自己矛盾です。

**江原**　ちょっとあなたの話を聞けば、そんなの明白じゃない。**両方追いかけてるから、苦しいんですよ。理想ばかり追い求めて、自分が本当に何を求めているのかがわかってない。だからしんどい。体面も気にしてるから、余計にしんどいんだよ。**

**若者**　いろんなリスクが浮かんできて、自分の望みがわからなくなるんですよ。

だって先が見えない時代で、ハイリスクなことなんてそう簡単にできないじゃないですか。江原さんから指摘されたみたいに、失敗するのは嫌なんです。人生で失敗したくないんですよ。

**江原**　失敗の人生はないの！　どんな人生でも成功の人生なんだよ！

あなたが転職したり、自由に好きなことで生きようとすれば、試練に遭《あ》うこともあるだろうね。でもね、**人生に無駄なことは一つもない。たとえ失敗だと思えるようなことも、意味がある！　起こることのすべてが偶然ではなく、必然なんだよ。**

POINT
**!**

**人生に無駄なことは一つもありません。失敗はなく、どんな人生も成功の人生。**

**若者**　僕がどんな生き方を選んだとしても、失敗の人生にはならないってことですか？　それは、人から見たら失敗に思えるような人生でも？　社会的に見てものすごく惨めな状況だったとしても？

**江原**　どうして体面ばっかりを気にするかなぁ。いい加減、人の評価なんてどうでもいいじゃない。

**若者**　でも、やっぱりいろんな人の目ってあるじゃないですか。親の価値観に縛られなくていいのはわかりましたけど、他にも友達の目、同僚の目、ご近所の目があるし。イタい奴だとか、人生スベってると思われたら、生きにくくなるじゃないですか？

**江原**　**誰かがあなたの人生が終わったときに総括して、ジャッジでもするの？　あな**

**たの幸せは、あなた自身が一番よく知ってるの。**他人との比較でしか、自分の価値や幸せを実感できないのは、自ら人生を寂しいものにしてるってことに気づかないと。

POINT

!

## あなたの幸せは、あなた自身が一番よく知っている。

## 自分にとって一番大切なことは何か？

**江原**　あなたにとって「これをやっていると幸せだなぁ」って思うことは何ですか？

**若者**　本当は放浪したいタイプなんで、いろんな場所フラフラ旅すると幸せですかね。

**江原**　じゃあ、結婚を諦めないと。結婚して、夫婦でバックパッカーでもするの？

**若者**　いや、それはないですね。

**江原**　**もう充分ってぐらい、好きなことしてから結婚するほうがいい場合もあるんだよ。**いまのあなたは、自分が我慢して働いてる気でいて、そのうえ結婚もしようとしてる。でもその反面フラフラしてたい自分も残してる。自由を得たいと言いつつ、会社員は辞められない。どっちつかずだと経験と感動は得られないし、成長しないよ。言ったじゃない。人生はパワーバランスなの。**自分がフラフラしたいんだったら、何かを諦めるしかない。結婚するなら、フラフラ度は90％カットしないと！**

**若者**　……はい。

POINT ！

## どっちつかずで生きていたら、たましいは成長しない。

**江原**　**それを心からよしとしないとダメだよ。結婚した後で「俺はフラフラするのを諦めたんだ！」とか言っちゃダメなの。じゃあ質問。あなたにとって、一番大切なものは何？**　仕事？　それともプライベート？　旅行すること？　彼女との時間？

**若者**　う～ん……。

**江原**　わかんないの？　すぐに答えられないことが、あなたの答えですよ。**じゃあ質問を変えるけど、「何を失ってもこれさええあればいい」というものはある？**

**若者**　え～、考えたことなかったなぁ。何ですかね。

**江原**　えぇっ、ないの？　**これさえあれば生きていけるものは？**　仕事でもない？

趣味でもない？　彼女でもないの？

**若者**　彼女は失いたくありません。

**江原**　絶対にその気持ちは変わらない？

**若者**　う～ん。彼女に対して「この人だ」って気持ちはあるんですけど、結婚してからも恋人的なロマンス気分が続くわけでもないんだろうし……。

**江原**　四《し》の五《ご》の言わない！　じゃあ彼女が重病になって治療費に大金が必要で、いまのお給料じゃ無理だとなったら会社辞める？　たとえ肉体労働でも、そっちを取る？

**若者**　取ります。

**江原**　じゃあ、いいじゃないですか！　あなたにとって一番大切なことは彼女なんですよ。あなたの人生の主軸は、彼女と築く家庭。それがあなたの天職ですよ。

**若者**　てっきり天職は表現とか趣味的なことかと……。家庭が天職でもＯＫですか？

**江原**　天職は「たましいの喜び」だと言ったでしょう。たましいが幸せを感じることならいいんです。そしてちゃんと着地するの。半端な着地だと「違ってた」、「我慢してた」って後で言い出す。**どっちつかずじゃなくて「腹くくり」をするんだよ。「腹くくり」は焦点を定めること。**いまのあなたは、人生での焦点が定まってないんですよ。

**着地した場所に碇《いかり》を下ろして、「何があってもこれが一番大切なんだ」と思って取り組むこと。**これができなかったら、どうやって生きればいいのかわかんなくて当然なの。それが生きていくうえでのパワーなんだから。**それを常に意識して生きていかないと、あなた自身の生きるパワーを取り戻すことはできないよ。**

POINT

**!　「一番大切なこと」に腹をくくって取り組むこと。それが、あなたの生きるパワーになる。**

**若者**　「腹くくり」すると、人生はどうなるんですか？

**江原**　**「腹くくり」ができていると、人生で起こるすべてのことを一つひとつ味わっていくことができる。「腹くくり」をしていないと、人生の「ながら食い」になってしまう。**

働いて、結婚して、子どもができて、でもなんか空虚《くうきょ》……。これが人生の「ながら食い」。そうすると、好きでもない女性と浮気することになったりするわけ。

**若者**　一つわからないことがあるんですけど、彼女が大事だとは言っても、僕の人生なわけじゃないですか。

自分の時間とか、自分の仕事が一番大事な場合は生き方としてわかりやすいんですけど、**自分以外のものが一番大事な場合って、具体的に自分の人生のなかでその「天職」をどう位置づけたらいいんですか？**

**江原**　**「天職」である家庭のことを一番大事にしながら、生活の糧を得るために適職をこなせばいいんです。大切なもののために、できることをするんです。**

いまの会社で、家族のために出世を目指して頑張るのでもいいの。目的が明確なんだから、あーだこーだ言わずにやれるでしょう？

**若者**　じゃあ、一度「家庭が天職」って決めたら、転職とかフリーランスになるみたいな選択肢はなくなるんですか？

**江原**　そんなことはないですよ。家庭を主軸にして、常に自分自身に問いかけるんだよ。いまだったら、あなたはまだ結婚してないんだから、それを念頭に置いて物事を考える。

**「天職なのか、適職なのか」を考えながら、「自分はこれでいいんだ」、「自分はこれをやる」と一つひとつ納得していけばいいの。**

**若者**　なるほど。決断する際に迷いが少なくなるような気がします。

**江原**　行き先が掲げられていないバスに乗る人はいないでしょう？　人生も同じこと。**行き先は自分で決めるの。そうしないと目的地にたどり着けずに、人生を徘徊することになる。**叶うはずの夢だって、叶わなくなるんです。

POINT

**!**

**人生の目的地を定めないで生きるのは、行き先のわからないバスに乗っているのと同じ。**

## 「悩む」ことと「考える」ことは違う

**若者**　僕は考えすぎた結果、自分の一番大切なことがわからなかったんですかね？

**江原**　そうじゃない、**あなたは悩んでるだけで考えてないの。**あなたを一番知ってるのはあなた自身なんだから、悩みがあるなら自分に向き合って問いかけなくちゃ。

**若者**　自分としては悩みながらも、すごく考えてたと思うんですけど。

**江原**　**考えてるつもりかもしれないけど、それは感情だけなんだよ。「しんどい」、「失敗が恐い」、「お金が心配」、「将来が不安」。全部、感情だけ。「なぜ、そう思うの**

か」を自分に問いかけて分析するの。理性的に考えて、解決策を探っていくんです。

**若者**　理性的に考えるって難しいですよ。特に悩みの渦中《かちゅう》にいるときは。

**江原**　考えることこそが、暗闇のなかでの一筋の光明なんじゃない。考えないのは罪ですよ。人は悩んでいる割に、考えてない場合が多い。理性的に考えれば、答えは出るのに。だから、いたずらに悲しんで落ち込んだりする。とてももったいないんです。

POINT

!

**「悩む」と「考える」は別。考えないのは「罪」です。**

## 「しんどさ」は自分次第で変えられる

**若者**　僕はこのしんどさから解放されますか？

**江原**　腹くくりできたら、自己矛盾はないんだよ。あなた自身が変わるはずですよ。そのためにも、世の中の価値観や風潮に惑わされないこと、自分のなかにブレない軸を持つ。この二つを常に意識して生きないとね。

**若者**　「この世は地獄」なだけに、道のりは険しそうですけど。

**江原**　**この世は地獄なんだけど、「素晴らしい地獄」なんだよ。**

**若者**　素晴らしい地獄ってどういうことですか？

**江原**　**自由意思を与えられている地獄なの。**私たちは努力をして乗り越えることも、転ぶことも許されている。自由にやりなさい、そして自分自身を高めなさいと言ってもらってるんだよ。**だから、知恵を絞って、苦しみながら喜びも得て、自分がどうやって美しく生き抜いていくのかを考えるんです。**

POINT

!

**この世は素晴らしい地獄。乗り越えることも、転ぶことも許されています。**

**若者**　しんどいのも、しんどくないのも、自由意思で選べる。結局、自分次第ってことか……。

**江原**　自分を変えることは、運命を切り拓くこと。思う存分に生きればいいんだよ。「ああなったらどうしよう」と不安に思わなくていい。**人生では、いいことも、悪いことも必要以上には起こらないから。未来に不安があ**

**っても、やるだけのことをやっていればいいだけ。**
**あの世に持ち帰ることができるのは、経験と感動だけなんだから。**

**若者**　僕はまだ、持ち帰れるものが少ないですね（笑）。

**江原**　だから飛び込むんだよ。恐れずに飛び込んで、いっぱい転べばいいの。

**若者**　転んで失敗しても学ぶことがあれば、それが幸せな人生ってことですよね？

**江原**　そう。本当の幸せとは何も恐れることがないことなんだよ。

POINT

**!**

**人生はあなたの自由意思。**
**恐れず生き抜いて、運命を切り拓くのです。**

# 第 3 章

# あなたを癒す
# エナジーワード30

# あなたを癒すのは
# 「言霊」のエナジー

言葉を侮《あなど》ってはいけません。言葉にはたましいが宿っています。それが「言霊《ことたま》」。よい「言霊」に触れることで、自《みずか》らをポジティブな方向に切り替えられるのです。

人間関係、将来、仕事、恋愛――。日々の生活のなかでは、くじけそうになったり、投げやりになることもあるでしょう。誰にも相談できないし、どう生きればいいのかわからない。そんな思いになることもあるかもしれません。そんなときに、あなたが自分自身で対処できるよう、私のエナジーワードを準備しました。

悩みの面からだけでなく、心に響くフレーズ、気になる言葉があれば、それがいまのあなたに必要なエナジーワード。深く理解してもらうために、解説メッセージも加えました。

ただ読むだけではダメです。「言霊」のエナジーを感じながら、声に出して読むこと。音には「音霊《おとたま》」が宿っています。自分の声の「音霊」も使うのです。

毎日、声に出して読むことで、私の「言霊」は、必ずあなた自身に宿ります。

①

## 人間関係で悩んだときの言葉

**人間関係は自分を映し出す鏡。相手を変えようとするのではなく、自らが変わるのです。**

減点法は相手に対する依存心。
勝手に相手をあてにして叶《かな》わないとガッカリする、幼い自分が悪いのです。
相手に何も求めなければ、日々加算法。
あてにしていないからこそ、少しの親切でも感謝できるのです。

## 人は人でしか磨かれないのです。

孤独も対人関係。この世にたった一人なら、孤独はありません。
そして、すべては映し出し。
なぜ怒るのか？　それは図星だからです。
言及する相手を見ずに、自分の未熟さを見つめられたら感謝に変わります。

3

## 人からの言葉に傷ついたときの言葉

# 「傷ついた」のではなく、「磨かれた」のです。

輝く宝石も最初は荒い傷に始まり、最後に繊細《せんさい》に磨き上がるのです。
人も同じ。被害者意識をやめたら、美しい人生が待っています。
日々輝くために、磨かれているのです。

④

## 人から裏切られたときの言葉

# 意地悪な相手とは、同じ土俵に上がらないことです。

そんなに相手のことが好きですか?
裏切られたと感じるのは、相手への依存心があるからです。
相手に何も求めなければ、怒りも失望もありません。

5

いじめに遭ったときの言葉

# 幸せな人は、意地悪をしません。

人は誰でもいい人でいたいもの。
ではなぜ、意地悪をするのでしょう。
それは「私をわかってほしい」という甘え。
だから憎むのではダメ。
相手の何が不幸なのかを理解してあげればいいのです。

⑥ ＳＮＳ疲れしたときの言葉

# 人間関係は、腹六分を心がけましょう。

ＳＮＳをするのは、愛が欲しいからです。
与えているつもりでも、甘えさせていただいていることを自覚しましょう。
甘えがすぎた結果、疲れたのです。

7

## 孤独を感じるときの言葉

# 人はみな、ひとりで生まれ、ひとりで死んでいきます。

寂しくなかったら、友達を作るだろうか？
恋人を作るだろうか？　人を愛するだろうか？
孤独って、絆《きずな》や愛の創造主だから素晴らしい。

8

## 将来が不安なときの言葉

# 人生には、必要以上にいいことも、悪いことも起こりません。

人はみな未熟さを見つめ、成長するために生まれてきたのだから、不必要なプログラムはありません。すべては必要な学びです。不安になることなどないのです。

しかし、一つだけ、より幸運をもたらす魔法があります。

幸せになりたければ、人を幸せにすること。

よい種を蒔《ま》けば、よいことが還ってくるのです。

9

## 希望が見えないときの言葉

# 苦難は、たましいが「もっと輝きたい」と訴えているサインです。

夜明け前の闇が最も暗い。
しかし闇の向こうには光があります。人生にも輝く朝が待っているのです。
不幸だけの人生はありません。
なぜならグレないように、天に見守られているからです。

## ⑩ 心に余裕がないときの言葉

# この世で一番恐いのは、自分で自分が見えなくなることです。

人がつまずくのは、自分の足元が見えていないときです。
だから、つまずくことよりも、自分が見えていないことこそが一番恐いのです。
つまずかないために、人とも群れない。
ＳＮＳからさえも離れる、一人の時間が大切です。

## 11

## 仕事に行き詰まったときの言葉

**仕事をするために生きるのではありません。生きるために仕事をするのです。**

仕事で成果を気にするのは、褒《ほ》められたいなどの寂しさからくる甘えがあるからかもしれません。

仕事に依存せず、仕事という学びから成長させていただこうとする謙虚さが、必要かもしれません。

## 12

### やるべきことに集中できないときの言葉

**無駄なことに時間を費やすのは、自分のたましいの時間を粗末にしているのと同じです。**

無駄も楽しめば学びと成長になりますし、人生に無駄はありません。しかし、休むなら休む。動くなら動く。目的を定めないと、たましいが喜びません。

## 13
## 「なぜ自分は評価されないのか」と思ったときの言葉

# 自分の小ささを知っている人間が、実は一番強いのです。

この世で一番強い人は謙虚な人。自分は出来が悪いと知ったら、すべてが学びになりますから。

たとえ人から馬鹿にされても、何を当たり前のことを言っているのかと笑えます。だから心が折れません。

心が折れるのは、自分は利口《りこう》だと思っている傲慢《ごうまん》さがあるからです。

14

## 他人がうらやましいときの言葉

**誰かを「うらやましい」と思ったそのときが、自分を知り、自分を変えるチャンスです。**

神様があなたに告げました。
「欲しいものを何でもあげましょう。ただしお代はいただきます」と。
これはスペインのおとぎ話です。何事にも必ず代償があるという教えです。
自分もそうなりたければ、努力するしかないのです。

## 15 失敗したくないと思ったときの言葉

**私たちは失敗をするために生まれてきました。失敗を乗り越えるために、いまここにいるのです。**

失敗は成功のもと。自信とは経験を積み上げて得るものです。
経験もなく自信があったら、それはただの妄想《もうそう》です。
人はつまずく権利を持っているのです。

## 16
## 「自分は負け組」と思ったときの言葉

# 人生で大切なのは、「何をしたか」ではなく「どう生きたか」。

旅はどこに行ったかの価値よりも、そこで見た景色や人との出会いに感動することのほうが重要です。

人生も同じです。

目に見える価値を求めて生きる人は気の毒です。感動がないからです。

## 17 何をやってもうまくいかないときの言葉

# 自らが蒔いた種は、
# 自らが刈り取るのです。

うまくいかないことにも意味があります。
時期尚早《しょうそう》？　考えが浅い？　準備が足りない？　などなど。
意味を理解したら、すべてはうまくいっているとわかるでしょう。

18

## お金で苦労しているときの言葉

# お金に支配されてはいけません。
# お金の主人になりましょう。

あなたに必要なお金は得られます。
すべてはあなたの人生に必要か否《いな》かです。

## 19 自分は不幸だと思ったときの言葉

**不幸の数をかぞえるのではなく、幸せの数をかぞえましょう。**

不幸しか見えないときは、感謝が足りないときです。
感謝しない人のもとには、人もお金も愛も成功も行きたくありません。

## 20

## 病気で苦しんでいるときの言葉

# 人生は光と影。光があるから影ができ、影があるから光の明るさがわかるのです。

強いだけでは愛は生まれません。
痛みがわかればこそ優しくなれます。
思いやりを養う学びは、愛と優しさを育ててくれます。

## 21 死んでしまいたいと思ったときの言葉

**価値があるから生きるのではありません。**
**生き抜くことに価値があるのです。**

たましいは永遠です。だから、死に逃げはできないのです。
生まれ変わって、同じ人生をもう一度やり直したいですか？
私なら同じ人生を繰り返すのは、まっぴら御免《ごめん》です。

22

## 出会いがないと思うときの言葉

# 怠惰な土地に花は咲きません。

愛が欲しくても、愛を与えなければ得られません。
出会いが欲しくても、待っていては現われません。
怠惰《たいだ》では、何も得られないのです。
簡単に諦《あきら》められるのは、本当は出会いを求めていない証《あかし》です。

23

失恋したときの言葉

## 失恋は、本当の愛に出合うための大切なレッスンです。

大切なのは、相手を愛することができたかどうかです。

本当に相手を愛することができたと思えたなら、必ずあなたを愛してくれる人に出会えます。

24

## 誰からも愛されていないと思ったときの言葉

# 人からの1％の愛がわからなければ、120％の愛もわかりません。

どんなささやかな優しさも、そこには愛が宿っているのです。
愛を連想して瞼《まぶた》を閉じてみてください。
何が見えてきますか？
あなたへの愛が見えてくるはずです。

## 25 同時に二人を好きになってしまったときの言葉

**「二人とも好き」は、「二人とも嫌い」と同じこと。あなたが愛しているのは自分自身です。**

自分にとって都合のいい愛を望むような「自己愛」という小我《しょうが》は、小我しか引き寄せません。

気がついたとき、自分も秤《はかり》にかけられています。

## 26

## 子育てに悩んだときの言葉

# どれだけ与えたかではありません。どれだけ「込めた」かなのです。

子育ては、植物を育てることと同じです。
親に太陽という愛と明るさがなければ、子どもはすくすくと育ちません。
また、子育てはたましいのボランティア。
悩むのは、親に「こうしたい」という欲があるからではないですか?

## 27

### 「親が嫌い」と思うときの言葉

**愛の反対は無関心です。**


嫌いなほど、好きということを自覚してください。

そして嫌いなほど、「こうして欲しい」という依存があることも。

嫌いから解き放たれる道は、あなたが自律《じりつ》し、親を一人の人として向き合えたときに拓《ひら》かれます。

28

## 大切な人を亡くしたときの言葉

# 人は死して死にません。

哀《かな》しみすぎたとき、誰のために哀しんでいるのか考えましょう。
きっと自分のためです。
大切な人が、あなたが哀しんで暮らすことを望みますか？
だからこそ明るく前向きに生きるのです。

29

## これまでの人生をガラッと変えたいときの言葉

# 運命は自分で切り拓くものです。

あなたは行き先のわからないバスに乗りますか？
人生を変えたいとき、まず行き先を決めるのです。
そのときから、新しい旅は始まっています。

30

## 強く生きるパワーが欲しいときの言葉

**試練はたましいを磨くための磨き砂。**
**乗り越えられない課題を**
**与えられることはありません。**

「パワーをください!」と求められることがあります。
しかし、もらったものは失います。
自分自身がパワーの泉になることが最良です。
その源は、自分自身も含めてすべてへの愛の力です。

# 第4章

# 「しんどい」あなたへの
# 10のメッセージ

## 自分の欲するものがわからないのはなぜ？

「いまの若い人は恵まれている」と年配の人は言います。

確かにいまの時代はモノが溢《あふ》れていて、食べるものにも困りません。昔と比べれば学校も職種も増えて、人生での選択肢は広がりました。昔よりも生きることが楽になっているようにも思えます。

**しかし現代は、生き抜くことが過酷《かこく》な時代です。なぜなら、若い人はいまの時代ならではの「しんどさ」を抱えているから。**その一つが、自分が何を欲しているのかがわからないということです。好きなのか、嫌いなのか、やりたいのか、やりたくないのか。将来はどうしたいのか――。

食べるのに困った時代には、生きるために誰もが自分の欲望に対して忠実でした。**いまは物質的に豊かになったことで、自分の欲望を実感しづらくなっているのです。**

そこに追い打ちをかけるのが、親の過保護です。幼い頃から充分な物を与えて、思春期には将来苦労しないようにと人生のレールを敷く。そうやって常に先回りしているため、子どもの「望むこと」は親の過保護の下に追いやられてしまうのです。**そうやって育てられたら、「何をやりたいのかわからない」、「夢や希望を持てない」などと思うのは、当然かもしれません。**

情報社会による弊害《へいがい》もあるでしょう。あまりにも情報が多すぎるために、何を基準に判断していいのかがわからない。**結果として、「みんなが望むことが自分の望むことなのではないか」と世間の価値観に自分を合わせてしまうのです。**

## 人の顔色を窺う理由

**人の顔色を窺《うかが》ってしまうことも、いまの若い人が抱える「しんどさ」の表われです。**

以前、私の事務所の若い男性スタッフと次のような会話を交わしました。

「ご飯食べた？」

「あ、いえ。少しだけ食べました」

奇妙な返答です。食べたなら食べたと言えばいいし、食べていなければ食べてないと言えばいいだけです。「少し」食べたと言うのはなぜでしょう？

彼は、私がどう転んでもいいように、気を遣っているのです。私が一緒に食事することになればその流れでもよくて、そうじゃなければ、その流れでもいい。相手に選択の余地を与えて、成り行きに任せているのです。

**その根底にあるのは優しさですが、自己保身も潜《ひそ》んでいると、とらえることもできます。「自分が言ったことで波風を立てるかもしれない」というリスクを回避しているのです。**

この出来事が端的に表わしているように、相手の顔色を窺いながら会話や行動を合わせるのは、いまの若い人の特徴とも言えるのではないでしょうか。

## どうして自分の気持ちを伝えられないのか

愛されたいと思いながらも、「愛されたい」とは言えない。
寂しさを抱えていても、「寂しい」とは言えない。
生きることが恐くても、「恐い」とは言えない。
若い人のなかには、こうした思いを抱えている人が多いように感じます。**本心を言**

**えないことも、「しんどさ」を感じる理由の一つでしょう。**

他人のSNSをチェックすれば、楽しげで幸せそうな姿が目に入ってきます。

そんな空気感のなか、「愛されたい」なんて言ったら、笑いものになってしまうかもしれない。誰かに「愛されたい」と打ち明けて、「うわっ、重いよ」と言われるのが恐い。**自分を否定されたり、拒絶されるのが恐いのです。**

いまの若い人に必要なのは、一人の人間として彼らを見て、寄り添ってくれる親、もしくは大人です。**小我《しょうが》な愛に溺《おぼ》れる親はいますが、厳しいなかに大我《たいが》の愛がある親は、残念ながら少ないように感じられます。**若い人のお手本となるような大人も同様です。

若い人に対して気の毒に思うと同時に、本来なら安心して未来に羽ばたくことができるのにと、もどかしさも感じます。

周りに「この人みたいな生き方をしたい」という存在がいないのですから、「こんな世の中」と思うでしょう。生きることをしんどいと思っても当然です。**でも、あなたが望めば、いまの自分を変えることはできるのです。**

# あなたへの10のメッセージ

## ①あなたの人生は自由です

人生にひな型はありません。あなたの人生を、あなたの望むままに自由に生きてください。

人からの評価で自分の人生が決まるわけではないのですから、外からの声には耳を塞《ふさ》いで、本当に楽しいと思えることをやればいいのです。

自分に自信のない人は、「才能がないから、何をやればいいのかわからない」と言います。でも才能のない人なんていません。才能という火種を、どんなふうに勢いよく燃えさせるか。すべては火のくべ方次第なのです。

YouTuberで生きていきたいならば、その道を極めてもいいでしょう。ゲームが好きで、その世界で活躍したいなら、ゲーマーになってもいいと思います。

職場やいまの環境で解決できない悩みがあれば、辞めてもいいし、変えてもいいのです。

**ただ、自分の落とし前は自分でつけること。**どんな道を選んでも、この責任は伴います。苦労も経験するでしょう。でも、「自分の人生を生きている」という感動も得られます。

たましいは永遠ですが、あなたという人がこの世で歩む人生は一度きり。たくさんの経験と感動をしてください。それが、あなたが生まれてきた理由です。

## ２ 万人に愛される必要はありません

人の顔色を窺うのは嫌われたくないからでしょう。**万人に愛されなくてはいけないという思い込みは捨てましょう。**

万人に愛されたいと思ったら、自由に発言できないでしょうし、一言一句に気を遣って当然です。

万人に愛されるのは、一夫多妻制で一〇人の妻がいるようなもの。男性にとってはまるでハーレムのようですが、一〇人の妻を平等に愛することは大変です。気を遣うだけで疲れてしまうでしょう。

万人に愛される必要なんてないのです。いまこのとき、自分と縁のある人と向き合って生きていけばいいのです。

**究極を言えば、あなたが一人の人を愛していたら、他の人は全員敵でも構わない。そのくらい振り切って、もっと自由に生きていいのです。**

人から嫌われることを恐れるのはやめましょう。もしあなたを嫌う相手がいたとしても、その人とは縁がなかっただけのことです。

## ③ 自分に向けられた愛に気づきましょう

**あなたがもし、「自分は誰にも愛されていない」と思っているなら、それは大きな間違いです。**

「友達も恋人もいないのに誰に愛されていると言うんですか？」と疑問に思う人がいるかもしれません。

でも、これだけは言えます。あなたは愛されて育ったのです。

「親には何もしてもらっていない」と、自分への愛を勝手になかったことにしないでください。親だけではありません。おじいさん、おばあさん、きょうだい、親戚の人、近所の人――。幼いあなたのそばには、必ず誰かがいたはずです。

幼い頃のアルバムを開いてみてください。**あなたの隣にいるその人は、誰のために笑っているのでしょうか？　あなたのためです。そこにはあなたへの愛がある。**その愛が仮に1％だとしても、あなたに注がれた愛であることに変わりはありません。

120％の愛を求めれば、どんな人でもそれに応えることは無理でしょう。けれど、1％の愛がわからない人は、たとえ120％の愛でもわからないのです。

投げやりな気持ちになって、「もう死んでしまいたい」と思ったときでも、その写真を見れば、「自分を愛してくれるこの人を悲しませたくない」、「この人の愛を裏切りたくない」と思うはずです。これが本当のプライドです。

**プライドを持って生きるということは、自分を愛してくれている人の愛を守ることなのです。**

## ④ 他人や世間の価値観を気にしてはいけません

他人や世間の価値観を気にしないこと。たましいの声に耳を傾け、自分に正直に生きていいのです。

あなたの思うことを相手に伝えて、何か言葉が返ってくれば、そこでコミュニケーションが生まれます。そのコミュニケーションを楽しめばいいのです。

**人にはそれぞれ個性があります。意見が異なる場合は、お互いの個性が違うだけで、どちらが優れていて、どちらが劣《おと》っているというわけではないのです。**

たとえ否定されても、笑われたとしても、あなたのたましいまで汚されることはありません。

あなたはあなたでしかないのです。堂々と自分を表現してください。

## ⑤ 人生という舞台を楽しみましょう

あなたの周りにいませんか？　せっかく旅行しているのに、「つまらないから早く帰りたい」と言う人。こういう人に対しては「せっかく来たんだから楽しもうよ！」と声をかけるでしょう。

**人生は旅。せっかくこの世に来たのですから、存分に楽しみましょう。**

「つらいことや悲しいことを、どうやって楽しめばいいのかわからない」と思うのは当然です。

人生は旅であり、自分を演じる舞台。**あなたは役者で、舞台上で「喜・怒・哀・楽」を演じているのだと思えば、楽しむことはできます。**

好きな人にフラれて泣いているときは、「あ〜あ、フラれて泣いちゃってる」。仲のよい友達に裏切られて悔しい思いをしているときは、「うわー、裏切られてブチギレちゃってる」。

こんなふうに、自分自身を俯瞰《ふかん》して見つめてみるのです。

そうすると、自分を分析することができて、何が大我で何が小我なのかも見えてきます。**どんなにしんどい思いをしても、人生は舞台だと認識することで、余裕を持って楽しめるようになるのです。**

舞台の幕が下りると、役者は「あそこの芝居はうまくいった」、「アドリブがいまひとつだった」などと、自《みずか》らの演技を反省します。人生の舞台も同じ。幕が下りた後、「あの悲しみ方はちょっとオーバーだったかもね」と思うのです。

さて、あなたの舞台では、これからどんな場面が展開されるのか――。少し楽しみになってくるのではないでしょうか。

## ⑥ 人はどこでも生きていけます

世界のいたるところで暮らしている日本人を取り上げたテレビ番組を観ると、私は嬉しく思います。もちろん苦労も多いでしょうが、人間力を発揮して自由に羽ばたいている姿が、とても励みになるのです。

**人間にとって大事なのは、どこでも生きていけるバイタリティ。これさえあれば、何も恐がらなくていいのです。**

私は海外へ行くと、「もしここで自分が生きるとしたら、どんな仕事ができるだろうか？」と想像するのが好きです。国内でも同じで、訪れた地の飲食店や温泉宿などで働く自分の姿を思い浮かべたりします。「ここでどんな仕事でもして生きていける」と思うと、心の奥底から勇気と活力がみなぎってくるのです。

私がよく若い人に勧めている職種があります。それは、女性であれば看護師、男性であれば調理師。この二つは日本であれば、どんな地であっても比較的、職を得やすいと思うからです。

**最低限、食べることさえできれば、日本であっても、地の果てであっても、どこで**

**も生きていけるのです。そう思えば、いまの悩みなんてちっぽけなことに思えてくるのではないでしょうか。**

## ⑦ 働きながら「夢」や「希望」を探しましょう

いま、働くことに「夢」や「希望」が見出せないというあなた、それでいいのです。**焦《あせ》る必要はありません。働きながら探せばいいのですから。**

いきなり「夢」や「希望」は得られません。もし一気に得られたと思っても、それは幻《まぼろし》のようなもので、あなたのたましいが望むものではないでしょう。

**ただし、「夢」や「希望」が見出せないことと、怠《なま》けることとを混同しないようにしましょう。怠惰《たいだ》な土地に花は咲かないのです。**

あなたという花を咲かせるためにも、仕事を通じて自分を知り、多くの経験と感動を重ねてください。

## ⑧ 人はみんな、働いているだけでかっこいいのです

頭脳労働をホワイトカラー、肉体労働をブルーカラーと言ったりしますが、私はこ

の呼び方がとても嫌いです。なぜなら、カテゴライズすることは社会的な視点において差別的なだけではなく、自己卑下《ひげ》することにもつながるからです。

「もっとかっこいい仕事に就《つ》きたい」と言う人がいますが、人と比べたり、人の意見に振り回される必要はありません。

**世間を見渡してみてください。それぞれの人がそれぞれの職種に就いています。それして、毎日、毎日、自分を養うため、家族を養うために頑張って働いています。それだけで、充分にかっこいいことなのです。**

また、お金を得ることだけが仕事ではありません。

世の中には、病気などの理由から働くことが叶《かな》わない人もいます。病にある人は、「病と向き合う」という仕事をしているのです。その人の介護をしている家族は、「病気の人に寄り添い支える」という愛の学びを実践させてもらっているのです。

働いている人は、誰もがかっこいいのです。自分を卑下する必要はありません。

## 9 転ぶことを恐れてはいけません

人は問題の起きない人生を望みますが、スピリチュアリズムの視点で言えば、そのような人生では生まれてきた意味がありません。

**間違いを何一つ犯すことなく、すべてが順風満帆《じゅんぷうまんぱん》な人はこの世にいません。私たち全員が「しくじる」人だから、この世に生まれたのです。**

しくじって転んだら、そこから教訓を得ます。落ち込み、悔やむかもしれませんが、乗り越えることで喜びを得る。そうして私たちのたましいは磨かれます。逆に言えば、私たちには「転ぶ権利」があるのです。

親は子どもに過保護にすることで「転ばぬ先の杖《つえ》」を渡しますが、それは子どもの「転ぶ権利」を奪うこと。たましいの学びを奪っている小我な愛なのです。

あなたがいま「転ばぬ先の杖」を得ていると思うなら、その杖を手放し、自らの足で歩む勇気を持ちましょう。

親に守られている状況を離れて行動を起こすことに、不安があるかもしれません。**でも、スピリチュアリズムには「守護の法則」というものがあって、あなたにはいつも見守ってくれる「たましいの存在」がいます。あなたの動機が正しければ、必ず道が拓《ひら》かれ、間違いは正されます。心配しなくていいのです。**

必要なことは、霊的世界から必ずメッセージがきます。「何がメッセージなのかわかりません」と言う人がいますが、実はとても簡単です。「良薬《りょうやく》口に苦し」というように、**あなたにとって「苦い」こと——悩み苦しんでいることがメッセージ。**

そのメッセージをどう受けとめるかが大事なのです。

## ⑩ あなたは絶対に不幸にはなりません

いまあなたが悩んでいることは、あなた自身にしか解決することができません。勇気を持って、その一歩を踏み出してください。

**大丈夫。その一歩を踏み出しても、あなたは絶対に不幸にはなりません。**

あなたの人生の主人公は、他でもないあなた自身。それは責任主体であるということです。

**責任主体の素晴らしいところは、自分の世界の一切を自分自身で創ることができること。すべてが自由なのです。**あなたが自分を変えたいと思ったら、自分自身で変えればいいだけ。誰の許可も得る必要はありません。

責任主体であれば、自らの行動を後悔したり、誰かのせいで自分が不幸になったと嘆《なげ》くこともない。「自己憐憫《れんびん》」、「責任転嫁」、「依存心」とは無縁。つまり、幸せになれるということです。

人からの評価なんてどうでもいいこと。たとえ人からどんなに褒《ほ》められても、その人があなた自身のことを全部わかっているわけではありません。

**大事なのは、自分で自分のことを褒められるかどうか。**

「自分なりに本当に頑張ったな」と正当な評価ができるのは、あなただけです。

そして、人生の最後にあなたを褒めることができるのもあなただけ。

理想の最期は「あー、おもしろい人生だった！」とあの世へ行くことです。最後に自分を褒めることができれば、そう思って旅立つことができるでしょう。

何かを為《な》すには、人生はあまりにも短すぎます。

さあ、「幸せになる」自信を持って羽ばたきましょう！

# あとがきに代えて——江原の本音

江原啓之

「こいつか……」

はじめて出会ったときの私への印象が、まえがきに記してありました。

私はよくSNSなどで、「胡散《うさん》くさい奴」などと批判を受けることがあります。それも会ったこともない人からです。

「霊能力者でもあるまいし、会ったこともない私のことをどこまで知っているのか。批判するなど、それこそ胡散くさい」と反駁《はんばく》したいところですが、この若い編集者も同様だったように思います。

なぜ、会ったこともない人が、私の真意も知らずして私を批判するのかと考えていたとき、ふと気がついたのです。

「そうか！　私は神様の代行者なのか」と。

俗世でいうならお客様窓口。人は誰もが生きていれば人生の不条理を感じることばかりです。

「どうして人生は思うようにならないのか！」、「生まれつき幸せな人と不幸な人がいるのは不公平だ！」と誰もが思うことなのかもしれません。

そうした思いを抱く人たちからすれば、「人生とは何か。生きる意味とは何か」などと説く私の姿は、「偉《えら》そうに言いやがって！」、「お前に俺の苦しみがわかるものか！」と言いたくなる存在なのでしょう。

「本当に霊能力があって神のように人生の意味がわかるなら奇跡を見せてみろ！」と、自身の人生の不満を神様にぶつけるように、私を代行者にしてぶつけているだけなのだと理解しました。

たとえるのもおこがましいですが、2000年以上前にイエスが民衆から石を打たれたようなことなのだろうと感じたのです。

もちろん、私も神ではなく一介《いっかい》の人の子です。

では、なぜ私が人生の意味を知りえたのかと言えば、それはきれいごとではなく、私自身の苦難多き人生より、私自身が生きることへの疑問を抱き、苦悩し、もがいたからです。

そして人生の意味を求道し、幸い私自身に生まれつき備わった霊能力によって霊的真理という人生のルールを知り、私自身の心もいのちも救われた経験があるからです。

私は、自分自身が得た真実を世の人にお伝えしているにすぎないのです。

世の中の人は大きな誤解をしています。それは霊能力と魔法を混同しているということです。たとえどのような霊能力を持っていても、魔法のように扱ってご利益《りやく》を貪《むさぼ》り、人生を悦楽《えつらく》で満たし、好き勝手にするようなことはできません。

しかし世の人は、自身が何のために生まれてきたのかの意義も忘れ、霊能力があれば何の苦労もなく、すべてを魔法で悦楽に変えられるであろうと揶揄《やゆ》するのです。

ですから磔《はりつけ》にあったイエス同様の言葉が、私のなかにも溢《あふ》れます。

「父よ、彼らをお赦《ゆる》しください。彼らは、何をしているのか自分ではわからないのです」と。

しかし、若い人がそのように人生の不条理にもがき、苦しみを私にぶつけるのもわかります。間違った「依存」という神の概念に甘えているのだと、理解して受けとめています。たましいの実相《じっそう》が理解できていないからだと。

以前に大御所作家であられる佐藤愛子《さとうあいこ》先生から「あなたは世の人に正しい生き方を伝えると言いながら、世の中ちっともよくなってないじゃないですか！」と苦言を呈《てい》されて唖然《あぜん》としたことを覚えています。

「私は神ではなく、地球は人類みなの責任なのに、私だけの責任とするのですか？」と。

それが世の多くの人から「怒りの愛子」などと、その歯に衣着せぬ正論が支持されている作家の先生の言葉なのかと耳を疑いましたが、若い人同様に理解が浅いと陥《おちい》ることなのだと思いました。

そしてあるとき、佐藤先生はさらにこうもおっしゃいました。

「あなたは人を助けるために存在しているのだから、苦しんでいる人を助けるために生きなければいけない」

この言葉にも私は大きな疑問を感じたのです。

しかし、佐藤先生が私に対して言及くださったこのお言葉のおかげで、私は大切なことに気づき、自分の活動を大きく変えることになりました。

私には、そもそも人を助けるなどという傲慢《ごうまん》な気持ちはありませんが、少しでも人生の意味を知る者として、世の理不尽に苦しみもがく人に、たましいの実相と人生の意味をお伝えしたいと思っていました。それは自分自身がスピリチュアリズムに救われた感謝の思いからでした。そのため、私は多くの人にお伝えする気持ちでメディアにも挑んだのです。

世の中の悪意は、その行動を売名行為とバッシングしましたが、私には売名行為などという気持ちはまったくありませんでした。

『ジーザスクライスト・スーパースター』というミュージカルの台詞《せりふ》に、「イエスが現代に生きていたら、教えを広めるためにメディアを使うだろう」とありますが、それは我が意を得たりの思いです。

私が佐藤先生のお言葉のおかげで、大きく活動を変えたこととは、メディアや講演などのように、多くの人と共有して学び合うデモンストレーションの意義を持たない、個人カウンセリングを休止したことです。

なぜならば、佐藤先生のおっしゃる「人助け」の多くは、「個人の利得助け」を指すことだったからです。

「どうしたら商売がうまくいきますか?」、「どうしたら収入が安定しますか?」、「どうしたら出て行ってほしい住人が立ち退《の》きますか?」、「どうしたら苦労なく過ごせますか?」といった内容だからです。

佐藤先生がお気の毒だからと紹介されるご相談内容の多くも、同様のことばかりでした。いちいち個人の小我《しょうが》の思いに応えていたら、それこそご利益主義の教祖です。

それでは失礼ながら巷《ちまた》の占いと一緒になってしまいます。私が望む道ではありません。まずは気の毒の定義が違うのだと理解しました。

本書でもお伝えしましたが、人生とは我が身の未熟さを映し出す鏡です。

人はみな未熟で、完璧な人などいません。我が身の未熟さを知り、学んで成長するために現世に生まれてくるのです。

「何もないのが人生」ではなく、「我が身の未熟さを見つめるために何かあるのが人生」。つまり、人生に無駄な不幸はないのです。

ですから、佐藤先生がおっしゃった「人助け」の定義に、私は東京にある埋め立て地「夢の島」を連想しました。言葉は美しいですが、結局私は、人々が人生を責任転嫁したことによる、不平不満のゴミ処理場であることを求められていたのですから。人生のすべては責任主体です。私が「因果《いんが》の法則」としてお伝えする通り、自《みずか》らが蒔《ま》いた種は自らが刈り取るのです。そのことを理解せず、自身の未熟さの反省もなく安楽な道に依存していたら、人間の成長もなく、いつまでも自立の道を歩めません。

佐藤先生のご長寿を憂《うれ》いたエッセイが大ヒットしたようですが、それは社会の高齢者の代弁だからこそ支持されたのだと思います。しかし、若い人たちからは「感謝がない」との批判もあるようです。

「足が痛くても、若い人に追い抜かれても、歩ける感謝ができないのかしら」と。

「厳しく正論を語る佐藤先生のエッセイとして残念」という言葉も見かけました。

私は「不幸になる人の三原則」を伝えています。

それは「自己憐憫《れんびん》」、「責任転嫁」、「依存心」です。世の多くの人生につまずく人は、この不幸の三原則に当てはまるはずです。

人に騙《だま》されたという人も、他者に「依存」し、あてにしていたからこその「責任転嫁」であり、自立心を持たない「自己憐憫」だったからではないでしょうか。

責任主体を基本に生きていたら、このような問題もなく、他者に助けを求めることがあっても、すべては自己責任と理解してのことですから、大きなつまずきにはならないはずです。

世の多くの〝自身の人生の責任を取りたくない人〟にとって「依存心」は蜜《みつ》の味のようです。だから人生のつまずきを、「我が身がかわいそう」、「生まれた家が悪いから」、「親が悪いから」、「因縁があるから」などと責任転嫁し、誰かに依存します。それによっておかしなスピリチュアルも跋扈《ばっこ》するのでしょう。

そして人々は、「上手に神頼みしたら叶《かな》う」とか、「神様にかわいがられる方法」などと、現世の駆け引き同様に神様と交渉しようなどという提案にうっかりと乗ってしまうのです。これらは、「依存心」を煽《あお》る妙薬《みょうやく》です。

しかし、よくよく考えれば、神とはおねだりや交渉に乗るほど俗っぽい存在なのでしょうか？　そうやって騙されていることに気づくべきです。

未熟さの反省と努力なくして何でも神頼みばかりしていたら、永遠に霊能者頼みの人生となることでしょう。私は世の中の人々に「自律《じりつ》」と「自立」の理《ことわり》をお伝えしたいだけなのです。

ですから、霊能者撲滅《ぼくめつ》が私の目標なのです（それをも悪意で「自分以外の霊能者はいらないと言っている」と批判されたこともありましたが）。

これらの経緯が、私が個人カウンセリングを休止した大きな理由でした。

佐藤先生が、ご著書で私とのエピソードを書いてくださったおかげで、私が世に知られるきっかけにもなり、お世話にもなりました。その佐藤先生をここで批判するような傲慢さの意図はありません。ただ佐藤先生をはじめ、多くの人に、この場を借りて真実をご理解いただきたいからです。

以前、佐藤先生が私の批判を対談形式で書籍になさいました。その出版を私は知らされていませんでしたので、知人から「あなたの批判本が出ているよ」と聞かされて読みました。その内容は無理解と悪意のオンパレードで、私はガッカリいたしました。

当時、時代の寵児《ちょうじ》とされていた私だから、「きっと先生は出版社にそそのかされたのであろう」と思い、公明正大が最良ですから、すぐに佐藤先生にお電話しました。「先生、対談本を拝読いたしました。私に対してこのようなご批判があるのであれば、直接おっしゃっていただけたら、すべての真意をお話しいたしますのに、その機会を与えてもいただけずの欠席裁判は誠に残念です。できれば公明正大な、反駁の対談をさせてください」とお願い申し上げたのですが、先生らしくなく、なぜか狼狽《ろうばい》なさるだけで、その後、「もはや私にはそのような力はない」という理由で対談をお断りするという内容のお手紙をいただいたのでした。

私が今回、なぜ佐藤先生への批判と受け取られることも覚悟で、この過去のエピソードを書いたのかといいますと、それは一言で佐藤先生への大我《たいが》の愛からです。ご高齢の先生に対して、優しさの配慮が欠けるという叱責《しっせき》もあると覚悟しています。

しかし、すべては大我の愛なのです。「愛の反対は無関心」とマザー・テレサは伝えました。ご高齢の大御所作家先生だからと、真実をぼやかしたまま無視することは愛とは思いませんし、社会に影響力のある佐藤先生ご自身の生き様にも反することでしょう。私はいつでも佐藤先生が希望なされば、公の場で対談に応じる所存です。

そして、本書は世の無理解ゆえに苦しみもがく人のために、正々堂々と向き合うということでお受けした出版です。

少しでも世の人々が真実に向き合えることが、佐藤先生も希望される「世の中がよくなる道」のために必要な内容だと信じているからです。


「孤独死」、「老後破綻《はたん》」、「8050問題」、「引きこもり」等々、時代は心の乱世です。若い人からお年寄りまで、本当の幸せを理解できず苦しんでいるように思います。

日本人の20~30代の若い世代の自殺は残念ながら世界トップクラスです。そして、世間では「安楽死《あんらくし》」を希望する人の意見が高まりつつあります。「考えないことは罪である」と言及している私からすれば、大変嘆《なげ》かわしいことです。

私ははっきりと申し上げます。「安楽死は自殺」です。しかも「自己憐憫・責任転嫁・依存心の自殺を美化した罪です」と。

自殺を美化するために合法化させ、他者に殺人の罪を着せる行為です。寄り添う人々に、後悔の苦悩を与える残酷《ざんこく》な小我です。

「安楽死」と「尊厳死《そんげんし》」は異なります。

余命を告げられたときに積極的な治療を望まず、残された時間を有意義に過ごす道を選ぶ「尊厳死」に私は賛成です。人が自然のなかに生きる生き物としての道だと思うからです。もちろん最期まで懸命に治療に挑む道も否定はしません。しかし忘れてはいけないことは、人はいつか必ず死ぬということです。

私が「安楽死」に反対する理由は、優生《ゆうせい》思想に通ずるものがあるからです。「生産性のない者は死ぬべき」という恐ろしい考えです。

2016年に相模原《さがみはら》市で障碍《しょうがい》者施設殺傷事件が起きました。言葉を発せられない障碍者を「心失者」と呼んだ犯人の犯行動機は、生きていてもしかたのない人を死なせてあげる、という間違ったヒロイズムです。

「社会のお荷物になる。迷惑をかけるのが嫌だから死にたい」という気持ちはわかりますが、自分さえよければいいと「安楽死」を望むのではなく、世のさまざまな立場の人の気持ちに寄り添い生きてほしいと願うのです。

「価値があるから生きるのではなく、生き抜くことに価値がある」のです。

ある学者が言及するように、現代は「今だけ・金だけ・自分だけ」という利己《りこ》主義の時代だからこそ、愛のない苦しみがあるのだと思います。利他愛《りたあい》こそが愛の道。それが自分自身も幸せになる道です。

「人はなぜ生まれてくるのか?」、「人生とは何の意味があるのか?」、「なぜ勉強するのか?」から「神頼みはいけないのか?」にいたるまで、本書では語り尽くしましたが、まだまだ語り足りないこともあると思います。私はいつでも、人生が苦しいという人々のすべての刹那《せつな》に寄り添い、心に灯《あかり》を届けて参りたいと思っております。

若い人もお年寄りも、すべての人が謙虚になり、いま一度生きることの意味を考えていただきたい。本書が一人でも多くの人に届くことを願うとともに、どんな人生であっても有意義なのだと、みなさんに前を向いていただけることを心よりお祈りしております。

**江原啓之**　えはら　ひろゆき

スピリチュアリスト、オペラ歌手。一般財団法人日本スピリチュアリズム協会代表理事。1989年にスピリチュアリズム研究所を設立。主な著書に『人生を変える7つの秘儀』（マガジンハウス）、『聖なるみちびき　イエスからの言霊』（講談社）、『あなたが輝くオーラ旅　33の法則』（小学館）、『スピリチュアル・リナーシェ　祈るように生きる』（三笠書房）、『運命を知る』（PARCO出版）、『厄祓いの極意』（中央公論新社）などがある。

**公式ホームページ**
http://www.ehara-hiroyuki.com/
**携帯サイト**
http://ehara.tv/
**日本スピリチュアリズム協会図書館（携帯文庫）**
https://eharabook.com/

※現在、個人カウンセリングおよびお手紙やお電話でのご相談はお受けしておりません。

江《え》原《はら》さん、こんなしんどい世《よ》の中《なか》で
生《い》きていくにはどうしたらいいですか？

令和元年10月10日　初版第１刷発行

著　者　江《え》原《はら》啓《ひろ》之《ゆき》
発行者　辻　浩明
発行所　祥《しょう》伝《でん》社《しゃ》
〒101-8701
東京都千代田区神田神保町3-3
☎03(3265)2081(販売部)
☎03(3265)1084(編集部)
☎03(3265)3622(業務部)

印　刷　堀内印刷
製　本　ナショナル製本


ISBN978-4-396-61701-1 C0095
祥伝社のホームページ・http://www.shodensha.co.jp/